傅斯年与中国传统文化

王凤青　著

山东大学出版社

图书在版编目(CIP)数据

傅斯年与中国传统文化/王凤青著.—济南:山东大学出版社,2014.10

ISBN 978-7-5607-5164-1

Ⅰ.①傅… Ⅱ.①王… Ⅲ.①中华文化—研究 Ⅳ.①G12

中国版本图书馆 CIP 数据核字(2014)第 254865 号

责任编辑:陈　珊
封面设计:张　荔

出版发行:山东大学出版社
　　社　址　山东省济南市山大南路 20 号
　　邮　编　250100
　　电　话　市场部(0531)88364466
经　　销:山东省新华书店
印　　刷:日照报业印刷有限公司
规　　格:880 毫米×1230 毫米　1/32
　　　　　5.25 印张　155 千字
版　　次:2014 年 10 月第 1 版
印　　次:2014 年 10 月第 1 次印刷
定　　价:18.00 元

目 录

导论

傅斯年(1896～1950 年),字孟真,山东聊城人,中国近代著名的历史学家、古典文学研究专家、教育家、学术领导人,出身于齐鲁大地运河之畔的东昌府儒学世家。他“幼聪颖,好学不倦”;6 岁时入邑人孙达宸拔贡学塾;归家,祖父教其“四书五经”。9 岁时,傅斯年入东昌府立小学,祖父在家督课,11 岁时熟读《十三经》。在此期间,其深厚的传统文化的根基得以确立。1908 年冬,傅斯年随其父亲的学生侯延塽进士至天津。翌年春,他考入天津府立中学堂,四年毕业。1913 年夏,傅斯年考入北京大学预科乙部,1916 年夏卒业于北大预科,秋,升入北大文科国文门。

初入北大时,傅斯年崇信章太炎学说,并深得国学大师刘师培、黄侃等人的器重。1916 年 11 月,蔡元培出任北大校长,采取“兼容并蓄”的办学方针。在此背景下,胡适、陈独秀、李大钊等一批具有新思想的学者先后赴北大任教。受此影响,傅斯年很快摆脱了传统国学的束缚,投身到了“文学革命”的阵营。

1918年10月，傅斯年约集同学创办了北京大学第一个学生社团——新潮社，并以此为依托，于次年1月创办了《新潮》杂志。在杂志创刊号上，傅斯年发表了《〈新潮〉发刊旨趣书》一文，宣示了《新潮》杂志社的四大使命：一是使"'块然独存'之中国同沿于世界文化之流"；二是为"犹之犬羊，于己身生死地位、意义，茫然未知"的国人"深愿为不平之鸣，兼谈所以因革之方"；三是"本于群众对于学术无爱好心"的现象，努力"鼓动学术上之兴趣"；四是"期海内同学去遗传的科学思想，进于现世的科学思想；去主观的武断思想，进于客观的怀疑思想；为未来社会之人，不为现在社会之人；造成战胜社会之人格，不为社会所战胜之人格"。①

五四运动爆发后，傅斯年被推为学生游行总指挥。在此过程中，其卓越的指挥才能得以显现，后因胡适的影响，反对"过激"行为，又退出了学生运动。同年夏，傅斯年在北大毕业，随后考取了山东官费留学生，赴英国伦敦大学学习。在此期间，他先是师从史培曼教授攻读实验心理学，并进而研究物理学、化学、数学等自然科学，同时，对英国的哲学、历史、政治、文学等学科，傅斯年亦有涉猎。1923年，傅斯年又进入德国柏林大学研究院，学习相对论、比较语言学及德国哲学、历史学、地质学、力学等课程。在此期间，他对兰克的实证主义史学、比较语言学和考据学产生了浓厚的兴趣，这也奠定了他一生的治学路径。

1926年冬，傅斯年结束了留学生涯回国。12月，傅斯年应

① 傅斯年：《〈新潮〉发刊旨趣书》，载欧阳哲生主编：《傅斯年全集》第1卷，湖南教育出版社2003年版，第80～81页。

聘出任中山大学文科学长及国文、历史两系主任，为学生开设《尚书》、《古代文学史》、《陶渊明诗》、《心理学》等课程。1927年秋，他创立了语言历史研究所，并以此为依托，创办了《语言历史研究所周刊》。1928年，国民政府中央研究院成立。在蔡元培的授意下，傅斯年乃辞去在中山大学的职务，专心筹办历史语言研究所（简称“史语所”）。同年10月，史语所在广州正式成立，傅斯年被任命为所长。随后，在史语所创办的《历史语言研究所周刊》创刊号上，傅斯年发表了著名的《历史语言研究所工作之旨趣》一文，明确了创办史语所的目的和方向，并领导史语所在多方面开展了工作。1929年，他又为购买明清大内档案多方奔走，并开始在北大任课。

“九一八”事变后，强烈的民族意识和国家观念促使傅斯年走出书斋。他先是参与创办《独立评论》，以“书生报国”的心态从事抗战救国工作；后又撰写《东北史纲》，证明东北自古即为中国领土。1937年，“卢沟桥事变”后，蒋介石在庐山召集谈话，傅斯年以社会名流的身份被邀参加，并参加了随后设立的国防参议会和国民参政会，从此积极投身于抗日救国的事业之中。在此期间，他本着一个知识分子的良知，于1938年3月和7月先后两次上书蒋介石，反对孔祥熙出任国民政府行政院长，后又著文反对宋子文，与国民政府内的腐败分子进行决绝的斗争。抗战胜利后，他又与民盟代表黄炎培等人以国民参政员的身份访问延安，并与毛泽东就国内外形势和团结建国等问题单独交换了意见。

与此同时，傅斯年仍厉行于自己的学术实践。除主持史语所工作和在北大任教外，1933年夏，他又兼任国立中央研究院社会科学研究所所长及中央博物馆筹备主任。抗战爆发后，为了保存国家的学术命脉，国民政府决定将北京大学、清华大学、南开大学三所高校组成国立西南联合大学迁往昆明，傅斯年负责具体南迁事宜。在这一时期，傅斯年的学术成就也达到了顶峰。1940 年，其生平力作《性命古训辨证》出版，是为中国古代思想发展史的一部杰出著作。抗战胜利后，傅斯年出任北大代理校长，负责北大迁校复员工作。在北大复员过程中，他坚持不收留伪北大汉奸任教，表现出了一个知识分子应有的民族气节。1945 年 12 月，西南联大发生了学生反内战运动，云南军政当局对学生运动进行了残酷的镇压，打死师生 4 人，重伤 25 人，轻伤 30 多人，制造了震惊全国的昆明"一二一"惨案。惨案发生后，傅斯年以校务委员身份前去处理。

1949 年 1 月，随着国民党败局已定，傅斯年赴台就任台湾大学校长。在任期间，他精心策划，锐意革新，使台湾大学迅速改观，在此过程中，他本人也受到了台湾大学广大师生的拥戴。1950 年 12 月 20 日，台湾省议会举行会议，傅斯年应邀参加，在答复有关教育行政的咨询时，因情绪激动，下台时步履不稳，昏了过去，抢救无效，于当夜去世。

有关傅斯年的遗著，在台湾和大陆都有出版。其中，在台湾地区出版的主要有：《傅孟真先生选集》(3 编)(台湾大学出版社 1952 年版)、《傅斯年全集》(7 册)[(台北)联经出版公司 1980 年版]等。在大陆地区出版的主要有欧阳哲生主编的《傅斯年全集》(7 册)(湖南教育出版社 2003 年版)。这是目前了解傅斯年思想最权威、最全面的资料。此外，还有一些有关傅斯年论著的散编版本，主要有：岳玉玺、李泉、马亮宽主编的《傅斯年选集》

（天津人民出版社1996年版）、刘梦溪主编的《中国现代学术经典·傅斯年卷》（河北教育出版社1996年版）、《史料略论及其他》（辽宁教育出版社1997年版）、《人生问题发端——傅斯年学术散论》（学林出版社1997年版）、《出入史门》（浙江人民出版社1998年版）等。

与此同时，学术界也出版了一些评述傅斯年生平事迹及学术思想的研究成果。其中，在台湾地区出版的主要有：傅乐成编的《傅孟真先生年谱》（台湾传记文学出版社1979年版）、朱传誉编的《傅孟真传记资料》（3册）（台湾天一出版社1979～1981年版）等。在大陆地区出版的主要有：聊城师范学院历史系、聊城地区政协工委、山东省政协文史委员会合编的《傅斯年》（山东人民出版社1991年版）、王为松节选《傅孟真传记资料》编成的《傅斯年印象》（学林出版社1997年版），等等。这为研究傅斯年打下了坚实的基础。

就傅斯年的研究成果而言，目前见到的专著有：（1）岳玉玺、李泉、马亮宽的《傅斯年——大气磅礴的一代学人》（天津人民出版社1994年版），比较全面、客观地介绍了傅斯年的生平、思想、成就。（2）马亮宽的《傅斯年教育思想研究》（辽宁教育出版社1997年版）对傅斯年的教育思想进行了全面系统的研究。另外，他的《傅斯年社会政治活动与思想研究》（中国社会科学出版社2009年版）对傅斯年参加的社会政治活动及其思想进行了研究。他的另一部著作《傅斯年图传》（湖北人民出版社2009年版）则以图文并茂的方式展现了傅斯年的一生。（3）李泉的《傅斯年学术思想评传》（北京图书馆出版社2000年版）为第一部专门研究傅斯年学术思想的著作，在《傅斯年——大气磅礴的一代学人》的基础上写成，突出了傅斯年的学术思想和贡献，并增加了“研究傅斯年的主要论著”一目，对前人研究傅斯年的成果作了归纳，为后人研究提供了便利。(4)焦润明的《傅斯年传》(人民出版社 2002 年版)摈弃了以政治歧见评判傅斯年的立场，对傅斯年在新文化建设、历史学领域的开拓、新教育思想等方面的成就，进行了较为客观、公正的评价。(5)布占祥、马亮宽主编的《傅斯年与中国文化》(天津古籍出版社 2006 年版)汇合了国内外知名学者对傅斯年研究的精华，以论文的形式从各个角度和层面剖析了傅斯年。

一些有关中国近代文化史、史学史的著作也提到了傅斯年。如史全生主编的《中华民国文化史》(上、中、下 3 册)(吉林文史出版社 1990 年版)、张书学的《中国现代史学思潮研究》(湖南教育出版社 1998 年版)、蒋俊的《中国史学近代化进程》(齐鲁书社 1995 年版)和马金科、洪京陵的《中国近代史学发展叙述(1840～1949)》(中国人民大学出版社 1994 年版)，等等，都提到了傅斯年的学术贡献。

此外，还有多篇研究傅斯年的论文。大体来说，研究内容可以分为以下几类:(1)傅斯年与其他人物如顾颉刚、陈寅恪、胡适等在学术思想方面的比较;(2)侧重与傅斯年有关的史料发掘，如他揭露孔祥熙鲸吞美金案，抢救明清大内档案，等等;(3)关于傅斯年学术思想的研究，绝大部分涉及到了其史学思想，对其在哲学、考古学、文学方面的研究还相对比较薄弱;(4)关于傅斯年政治思想的研究，如他的政治主张、政治活动及其反映出的政治理念，等等。

综上来看，学术界对傅斯年进行了一些研究，但这种研究还处于比较零散的状态，大部分的研究成果限于其史学方面，对其在以文、史、哲、考古为主要载体的传统文化领域的认识缺乏足够的、系统的探讨。比如，对他的文学成就，至今仍未有专门论及其《中国古代文学史讲义》和《〈诗经〉讲义稿》的文章，而这些著作在当时都极具影响力；再比如，对他哲学思想的研究也不多，那部代表他最高学术水平的洋洋大作《性命古训辨证》，至今仍无人作专门研究；他领导的史语研所在中国近代考古学这门新兴学科的建立过程中，作用是非常大的，而学术界对其在此期间的组织作用、对考古人才的培养、其对古史的看法、指导史语所进行考古工作、组织考古团体等内容的研究则重视不够。

有鉴于此，本书以"傅斯年与中国传统文化"为题，以中国传统文化向近代的转型为背景，以傅斯年对中国传统文化的认识为切入点，通过具体考察其在哲学、史学、文学、考古学等传统文化领域的认识、实践、影响等内容，并通过其与时人的对比，系统总结他对中国传统文化认识的特点、局限性及其在中国传统文化向近代转型进程中的作用、影响和地位，对与中国传统文化无甚瓜葛的政治言论、教育等内容则不予论及。

第一章　中西与新旧之间

——傅斯年的文化观

傅斯年文化观的产生既有时代背景、地域环境的历史烙印，亦有家学渊源、师友影响和个人的努力；其文化观的形成与发展经历了产生、成熟、发展和延续四大时期；具体表现在具有强烈的民族观念和国家意识、群体观念，“以天下为己任”的文化情怀、向心观念和依附变异的文化品格，追求实证的、科学的学术理念和“不分东方与西方真理只有一个”等几个方面。

一、历史因缘

（一）时代背景

中国传统文化源远流长，博大精深。春秋战国之际，诸子并起，形成“百家争鸣”之势，文化思想高度繁荣；两汉时期，经学成为正统；魏晋之世，玄学兴盛；隋唐时代，儒、释、道三教并尊；到宋明时期，理学大盛；迨及清代，朴学又蔚为壮观。它长期以来哺育了中华儿女，塑造了中华民族的性格和精神，在世界文化史上占有重要的地位。

但是，自 19 世纪中叶以来，随着西方列强始以鸦片贸易、继以坚船利炮叩开中国的大门，因欧风美雨、西学东渐，中国文化便面临着极强的挑战性与选择性。它既与中国传统文化紧密相联，又面对着一个崭新的世界与时代。在此过程中，为救亡图存，中国知识分子走上了学习西方、推动中国文化向近代转型的艰难曲折之路。

面对西方文化的严峻挑战，国人的第一个反应是抗争与“调和”。从魏源、冯桂芬、郑观应，到康有为、谭嗣同、严复、章太炎、孙中山，辛亥革命之前的整整几代进步知识分子都执着于这样的信念：西学之于中学是“古已有之”，并非与中国文化毫不相干，通过汲取西方的“有用之学”，可以使中国文化重新发扬光大。然而，中学果真能调和西学么，“牛体安能有马用”？辛亥革命胜而复败的历史现实证明了“中体西用”的缺陷。因此，给辛亥革命补课的五四新文化运动发出了“无论政治、学术、道德、文章，西洋的法子和中国的法子，绝对是两样，断断不可调和迁就的……若是决计革新，一切都应该采用西洋的新法子，不必拿什么国粹，什么国情的鬼话来捣乱”[①]的呼声。这标志着中国传统文化向近代的转型已经迈过了“中体西用”的门槛，开始了以“西学批判中学”的时代。

然而，近代中国半殖民地半封建的社会性质，决定了反封建

① 陈独秀：《今日中国之政治问题》，载吴晓明选编：《德赛二先生与社会主义——陈独秀文选》，上海远东出版社 1994 年版，第 85 页。

的启蒙运动与反帝的爱国救亡运动总是同根生发，并蒂开花。启蒙迫使探寻救国救民之路的国人放下“华夏优越”的架子，虚心向先进的西方学习，而救亡又要求他们高扬民族自尊心，以不屈不挠的姿态与西方帝国主义抗争到底。二律背反的矛盾困境，使他们在中国传统文化向近代转型的道路选择上，出现了明显的分歧。

那些经过欧风美雨陶冶、在新文化运动中具开拓之功的自由主义知识分子，依然高举“科学”与“民主”的大旗，极力主张个性解放，倡导独立人格、精神自由，追求民主政治与科学的发展，积极倡言吸收资本主义文化中一切有用的成分，为我所用，表现出了强烈的文化再植意识和工具理性意识。但是，由于他们对中国传统文化的批判与继承之对立统一的辩证关系缺乏全面、正确的了解和认识，他们只能在一定程度上推动中国传统文化向近代的转型，而不能从根本上解决这个时代课题。

与自由主义知识分子相对立的是保守主义知识分子。他们抓住自由主义知识分子中某些对中国传统文化的虚无主义言词和推崇西方文化的形式主义倾向，极力主张复兴中国传统文化，“掘发其固有宝藏，涵养其自尊自信之毅力”[①]。从梁漱溟的“新孔学”、张君劢的“玄学”，即“新宋学”，到抗战时期熊十力的“新唯识论”、冯友兰的“新理学”和贺麟的“新心学”等哲学体系的建立，标志着他们在理论上已基本形成了一种以民族为本位、力图容纳近代民主科学的新文化。但是，他们的认识脱离了当时中国社会的国情，孤立地对待文化问题，因此，也找不到解决中国

① 转引自洪晓楠:《文化哲学思潮简论》，上海三联书店 2000 年版，第 25 页。

问题的正确方法。

与此同时，五四运动后，一批曾接受或信奉自由主义的知识分子转而接受马克思主义。他们运用马克思主义探索改造中国的一系列问题，努力回答“中国向何处去”这一时代课题。在改造中国的道路方向问题上，他们提出了既不同于自由主义知识分子、也不同于保守主义知识分子的主张，而是把马克思主义的普遍真理同中国具体实际、中国优秀传统结合起来，运用历史唯物主义的观点，去研究中西文化，从而科学地解决了中国传统文化向近代转型这一时代课题。

傅斯年生活的时代，历经戊戌维新、辛亥革命、五四新文化运动、抗日战争、解放战争。这种特定的社会环境和与之相应的文化现象及其自身的生活经历，使其文化观呈现出诸多特征，并带有那个时代鲜明的烙印。

（二）地域环境

聊城自古即有“居天下之胸腹”的说法，地理位置相当重要，特别是元朝时期，会通河流经此地，更使其成为经济、文化中心。交通的发达，经济的繁荣，也带动了聊城文化的昌盛。当时聊城及其周围各州县私塾遍布，书院林立。文人墨客来此会亲访友，传播学术，交流信息，更是促进了儒家文化的普及和发达，陶冶了无数才华卓越之士，也成就了许多功臣官宦之家。据记载：明清两代录取的山东籍进士共 4047 人，状元 11 人。其中，属于东昌府州县籍者，就有进士 55 人，状元 2 人。由此可见，聊城在当时确是“科目鼎新，贤士辈出”之地，被视为“八股文化”的中心是不无道理的。但是，1855 年黄河决口东流，河道堵塞，聊城南北交通大动脉的地位消失，经济发展也日趋停滞，农业逐渐回复到原来自给自足的自然经济占统治地位的时期，工商业也失去了昔日的繁荣，逐步成为交通闭塞的偏僻之地。但是，经济繁荣时期所形成的文化传统却保留了下来，并影响到当地社会的方方面面。①

傅斯年出生时，正值中日甲午战败、民族危机空前严重、维新志士为变法维新奔走呼号之际，但这对当时已是穷乡僻壤的聊城来讲，影响并不大。这里的人们依然重视儒家经典的传授和八股文的写作，希望借此获取功名、光宗耀祖的风气依然比较浓厚。傅斯年的童年就是在这种文化氛围中度过的。这一方面使他受到了中国传统文化的系统教育，奠定了深厚的传统文化的根基；另一方面也使他在童年时代未能接受近代科学知识的洗礼，从而制约了其知识结构的全面发展。

（三）家学渊源

傅斯年的远祖名傅回，江西永丰人，明朝宪宗成化年间曾任山东冠县县令。当时的聊城为东昌府府治，冠县为其属县。傅回生有七子，任满返回故乡时，因其夫人不愿随行，乃留三子侍奉夫人，自己带四子南归。留下的三个儿子，一居冠县，一居博平，一居聊城。其居聊城者名曰傅祥。

当时聊城正处于经济文化发展的上升时期。傅祥及其子孙借重聊城发达的经济优势，靠经商起家。但是，傅祥出身官宦家庭，本人也有较高的文化素养，而且处在浓重的八股文化环境之中，因此十分重视诗书传家，极力督责子孙学习八股文化，攻读科举之业。在他的影响下，傅家形成了世代相继的诗书传家

---

① 参见马亮宽：《傅斯年教育思想研究》，辽宁教育出版社 1997 年版，第 1～2 页。

传统。

傅祥五传至傅以渐，傅氏家族终于振兴，傅氏名门望族的基础也得以奠定。傅以渐，字于磐，号星岩，生于1609年，少年从师于名儒孙兴，习义理之学。但时值明末大乱，科场舞弊成风，因此直到35岁，他还未取得任何功名。1644年，江山易主，清廷入主中原。为了笼络人才，入关的第二年，便恢复了科举制度。傅以渐亦投身科场，乡试中举。之后，1646年赴京会试，得中进士，殿试时又得中一甲第一名，成为清朝的第一位状元。傅以渐中状元后，初任内宏文院修撰、侍读、少詹士、学士及庶吉士等官职，后累次升迁。1654年，任内秘书院大学士。翌年，加太子少保，改内国史院大学士。1658年，清廷仿明制改内三院（内宏文院、内国史院、内秘书院）为内阁，确立了三殿三阁制，傅以渐被授为武英殿大学士、兵部尚书，加少保，进阶光禄大夫，成为名副其实的宰相。后清廷为示恩宠，又追封傅以渐的曾祖父傅渝、祖父傅天荣、父亲傅思敬。自此，聊城傅氏便荣冠当世，泽及后代，成为鲁西的名门望族。①

自傅以渐以后，傅氏成为典型的官宦世家，获取功名，中举人、进士，为庠生、太学生者不下百余人，在朝为官和出任封疆大吏者更是历代不绝。傅以渐三传至傅继勋。傅继勋，字玉溪，号湘屏，为傅斯年三曾祖父，道光五年（1825年）拔贡，历任安徽省庐江歙县、贵池、太湖、于椒等县知县，太平、安庆两府知府，安徽布政使。清末名臣李鸿章、丁宝桢都曾是其门生。

---

① 参见岳玉玺、李泉、马亮宽：《傅斯年——大气磅礴的一代学人》，天津人民出版社1994年版，第2～3页。

直接影响傅斯年的是傅继勋的第三子、傅斯年的祖父傅淦。据记载,傅淦是一个文武兼资、具有多方面才艺的人,亦是傅斯年学问人格基础的奠立者。傅淦,字笠泉,生于道光二十五年(1845年),少负才名,博通经史,能诗书画,尤以书法知名,且精通医学,擅长针灸,但他自甘淡泊,不喜欢当官,因此在1861年获得拔贡资格后,便绝意仕途,不再参加科举考试。他生性友善,重孝悌,乐善好施。据说,兄弟七人分家时,他将祖上的房子全部给了兄弟,自己只要了一座马厩。傅淦的夫人是山东潍县陈阡之女。陈阡官至江西巡抚,给女儿的嫁妆颇丰。但傅淦不善理财,又无固定收入,随着孩子相继出世,人增物耗,家财日减,日子日趋没落。据有关资料记载,傅淦为生活所迫,也曾外出谋职养家,但不顺利,就又回到家中。

傅斯年的父亲傅旭安,字伯隽,号晓麓,生于同治五年(1866年),自幼勤学好问,性仁厚。光绪甲午年(1894年)乡试中举。后因生活窘迫,没有入仕。曾出任东平县龙山书院山长,靠教书维持生计。傅旭安在东平县任龙山书院山长时,不仅知识渊博,对学生教诲有方,而且对于生活贫苦的学生,尤能扶掖,因此得到了学生的普遍尊敬,赢得了社会的广泛赞誉。[①]

在这样的家庭环境下,傅斯年自幼即接受了传统文化的浸润。在他三四岁时,祖父傅淦就教其识字,并教其背诵《三字经》、《百家姓》、《千字文》等蒙童读物,还讲授历史故事给他听。6～9岁时,他在离家不远的一个私塾读书,整天与经书、八股文为伴。10～13岁时,他就读于东昌府立小学。当时的东昌府立

① 参见马亮宽:《傅斯年教育思想研究》,辽宁教育出版社1997年版,第2～5页。

小学虽适应社会趋势，设立了算术、地理等新课程，但还照旧开设传统课程，学生照样要读经、史、子、集和诸子之书。不仅如此，傅淦担心傅斯年入“洋学堂”学不到真学问，仍在家坚持督导傅斯年学习儒家经典。此外，傅斯年的母亲对其亦“兼父职，督责甚严”。在祖父、母亲的严格要求下，傅斯年幼时即读完《十三经》，为以后从事文史专业的学习和研究奠定了坚实的基础。

另外，传统家庭的熏染对傅斯年的性格形成也有深刻的影响。如前所述，傅斯年的祖父傅淦是典型的士人知识分子，他不仅重孝义、笃情谊，而且具有嫉恶如仇的正义感。傅斯年的母亲对他的人格教育亦非常严格，“如有过错，立予责罚”[①]，不使其染上不良习气。良好的家风使傅斯年接受了比较正统的儒家品性教育。正如有人所说，傅斯年有“居心的正直，对国家的忠贞，‘民胞、物与’的胸怀，‘无我、无私’的风度，‘仁以为己任’的抱负”[②]等等。这些传统的儒家价值观对傅斯年的一生有着不可忽视的影响。

（四）师友影响

1. 私塾启蒙

傅斯年6岁时，便被祖父送到本邑拔贡孙达宸的私塾读书。孙为当地名闻遐迩的老塾师，品学兼优，授课有方，一生教出的学生获取秀才以上功名的有40多人。在这里，傅斯年接受了正规的传统文化的教育。后来，傅家邻居朱氏在家设私学，请当地

① 马亮宽：《傅斯年教育思想研究》，辽宁教育出版社1997年版，第3页。

② 毛子水：《蔡元培·胡适·傅斯年》，载王为松主编：《傅斯年印象》，学林出版社1997年版，第129页。

有名的塾师马殿仁执教，傅斯年又到朱氏塾中就读，进一步接受了传统文化的熏染。

2. 侯延塽

侯氏为傅斯年父亲傅旭安的学生。侯延塽，字雪舫，山东东平县大羊村人，因家境贫寒，奉后母之命来聊城一商店当学徒，但他酷爱读书，利用一切空闲时间刻苦学习。傅旭安任东平书院山长之前，曾上街闲逛，步入这家商店时，见侯氏正在专心读书，便上前与之闲聊。交谈之后，傅旭安对侯氏的遭遇非常同情，同时对他矢志钻研的精神也颇为敬佩。此后，两人便开始来往。1899 年，傅旭安出任东平县龙山书院山长，便让侯氏辞去商店差使，随自己到龙山书院读书，并解决他的一切费用。侯氏得此机会，更加刻苦攻读，于 1902 年参加乡试中举，次年赴京会试，又中进士，后经过期考，被授予刑部主事。为报恩师的知遇之恩，傅旭安死后，侯氏便决定将傅斯年兄弟抚养成人。由于聊城地处偏僻，侯氏担心傅斯年长期待在家里，接触不到新事物，学不到新知识，会耽误其前程，于是在 1908 年冬，带着傅斯年离开家乡来到天津求学。傅斯年人生的第一次转折也由此开始。

傅斯年在天津求学期间，受侯氏的影响很大：其一，侯氏对傅斯年经济上的支持使其能有机会继续求学。在其资助下，傅斯年得以接受新式教育，这为其进一步求学打下了良好的基础。其二，傅斯年深厚的传统文化的积淀亦受到侯氏的影响。毛子水就曾说过，傅斯年“幼时文史的根底，除他的祖父外，受到侯先生培养的益处很多”[①]。其三，侯氏对于傅斯年良好品质的形成有重要影响。侯氏虽为清末进士和官僚，但思想并不保守，对国家形势和社会发展趋向有深刻的认识。傅斯年在天津求学期间，侯氏经常写信给傅斯年，开导和劝诱其要多学新知识，关心国家和社会。1921年，侯氏辞职到济南定居后，积极参加社会慈善事业，并为山东省“红十字会”募捐。抗日战争期间，日军侵占济南后，伪省长唐仰杜曾多次请侯氏到伪政府中做官，但均被拒绝。侯氏这种关心国计民生、坚持民族气节的优秀品德，对傅斯年的终生都有不可磨灭的影响。

3. 胡适

傅斯年和胡适相识于作为新文化运动中心的北大。两人的相识，改变了傅斯年的人生轨迹，二人也建立了亦师亦友的亲密关系。具体到胡适对傅斯年的影响，可分为以下几个方面：

一是改变了傅斯年的学术发展方向。对于胡适对自己的影响，傅斯年曾在写给胡适的一封信中说过这样一段话：“我在北大期间，以受胡先生影响最多。”[②]五四新文化运动期间，胡适在北大讲授《中国哲学史》时，一改传统的授课法，不讲唐、虞、夏、商时期的中国哲学史，而以东周宣王时期作为中国哲学史的开端。当时，和傅斯年同住一个宿舍的顾颉刚听后颇受启发，便鼓动傅斯年也去听一听。傅斯年听后，对胡适非常佩服，从此就经常出入胡适家门，向其请教和讨论一些学术问题。不仅如此，胡适留学美国期间，深受西方文化的陶炼，其“于应用科学方法以

---

① 毛子水：《傅孟真先生传略》，载王为松主编：《傅斯年印象》，学林出版社1997年版，第158页。

② 《胡适往来书信选》(上)，中华书局1983年版，第107页。

研究学问以外，兼提倡白话文”的主张，对一直接受传统文化教育的傅斯年来讲，也是耳目一新的。虽然当时的国学大师黄侃等亦希望他继承仪征学统或章氏学说，但这时的傅斯年已“决不徘徊歧途”[①]，而投身到“文学革命”的阵营，成为文学革命运动的勇猛战士。

二是接受了胡适关于“科学”的学术理念。胡适认为，科学不仅是国家自强之本，而且还是救治中国政治上、道德上、学术上、思想上一切黑暗的火炬。但是，中国人太缺乏“科学”观念了，因此，他经常告诫青年学生要“多学一点自然科学的知识与技术”。傅斯年正是遵循胡适的“告诫”而醉心于自然科学的。比如，在他主编的《新潮》杂志上，每期必刊登几篇“纯粹的科学文”，并把自然科学的发展作为衡量学术进步的标准。后留学英、德时，他对西方的自然科学更是倾心向慕。他在给胡适的信中即说：“近中温习化学、物理、数学等，兴味很浓，回想在大学六年，一误于预科一门，再误于文科国文门，言之可叹。”[②]到德国柏林大学研究院后，他既听相对论，又学习近代物理学，对自然科学知识广泛吸收。而当他学得了一些自然科学知识后，便想借鉴自然科学的方法，来研究中国传统文化。1926 年回国后，他在中山大学讲授《中国古代文学史》时，也提出“把发生学引入到文学史中来”，后来又提出要把历史学“建设得和生物学地质

① 吴相湘：《傅斯年学行并茂》，载王为松主编：《傅斯年印象》，学林出版社 1997 年版，第 168 页。

② 《胡适往来书信选》(上)，中华书局 1983 年版，第 108 页。

学等同样"[1]，使之成为"科学的东方学"。[2]傅斯年对科学的迷恋，虽是时代潮流使然，但与胡适的直接影响是分不开的。

三是在政治志向上受胡适影响颇深。胡适曾声称"二十年不谈政治"、"二十年不干政治"，傅斯年也曾立誓"以教书终其身"。但是，当日寇发动侵华战争、中华民族处于危机关头之际，他们又都挺身而出，为抗战救亡事业尽自己之力了。

4. 顾颉刚

顾颉刚，江苏省苏州市人，1893年生于一书香家庭。傅、顾两人在北大求学时是同窗好友，又都是胡适的得意门生，后来也都在史学领域颇有造诣。具体到顾颉刚对傅斯年的影响，可分为以下两个方面：

一是如前所言，通过顾颉刚，傅斯年结识了胡适，改变了傅斯年的一生。对此，顾颉刚本人亦有回忆：

> 傅斯年本是"中国文学系"的学生，黄侃教授的高足，而黄侃则是北大里有力的守旧派，一向为《新青年》派提倡白话文而引起他的痛骂的，料想不到我竟把傅斯年引进了胡适的路子上去，后来竟办起《新潮》来，成为《新青年》的得力助手。[3]

二是顾颉刚的史学观给傅斯年以极大的刺激和启示。五四

① 傅斯年：《历史语言研究所工作之旨趣》，载欧阳哲生主编：《傅斯年全集》第3卷，湖南教育出版社2003年版，第12页。

② 傅斯年：《〈中国古代文学史〉讲义》，载欧阳哲生主编：《傅斯年全集》第2卷，湖南教育出版社2003年版，第9、12页。

③ 顾颉刚：《我是怎样写〈古史辨〉的?》，载《古史辨》第1册，上海古籍出版社1982年版，第13页。

运动后，傅斯年出国留学，顾颉刚则在国内树起了“古史辨”派的大旗，提出了“层累地造成的中国古史”这一开辟历史学新纪元的命题。对此，傅斯年曾高度盛赞顾颉刚，认为“史学的中央题目，就是你这‘层累地造成的中国古史’，可是从你发挥之后，大体之结构已备就，没有什么再多的根据物可找”；“你这一个题目，乃是一切经传子家的总锁钥，一部中国古代方术思想史的真线索，一个周汉思想的摄镜，一个古史学的新大成”。[①] 然而，古史辨派“宁可疑古而失之，不可信古而失之”的口号，也有一定的局限性。留学归来的傅斯年很快抓住了“古史辨”派的弱点，以史语所为依托，开始了艰难的史学重建工作。关于这一点，屈万里有回忆：

> 自从顾颉刚等竖起怀疑古史的旗帜，天下风起云涌；但他们只有破坏，没有建设。而历史语言研究所，则运用科学的可信的材料，从事于本国史的建设，史语所替中国文史界开了一条大路，孟真先生本人则是开路的急先锋。[②]

5. 陈寅恪

陈寅恪，江西义宁(今江西修水)人，生于 1890 年。傅斯年在北大求学时，由陈寅恪之弟介绍认识了陈寅恪。1922～1923 年之交，傅斯年在德国柏林大学研究院学习期间，与陈寅恪再次相遇。在此期间，傅斯年受陈寅恪的影响很大。据说，傅斯年之所以在柏林大学研究院既听相对论，又听比较语言学，一方面是

---

① 傅斯年：《与顾颉刚论古史书》，载欧阳哲生主编：《傅斯年全集》第 1 卷，湖南教育出版社 2000 年版，第 446～447 页。

② 屈万里：《敬悼傅孟真先生》，载朱传誉主编：《傅孟真传记资料》(一)，台湾天一出版社 1981 年版，第 86 页。

受柏林大学学术空气的影响，另一方面则“受在柏林的朋友们如陈寅恪、俞大维各位的影响”[①]。在求学态度上，傅斯年、陈寅恪虽然都有广泛博览、力求成为通人的想法，但陈寅恪的学术造诣更深。傅斯年受陈氏的影响更大些。对此，罗家伦曾回忆说：

> 当时大家除了有很强的求知欲而外，还有想在学术里求创获的野心。不甘坐享其成，要想在浩瀚的学海之中，另有会心，“成一家之言”。这种主张里，不无天真幼稚的成份，可是其勇气雄心，亦不无可嘉之处。朋友中如陈寅恪虽自谦谓所治乃“咸同之间不古不今之学”，其实他从哲学、史学、文字学、佛经翻译，大致归宿到唐史与中央亚西亚研究。而其所通，除近世重要文字外，还有希腊、拉丁、梵文、巴理文、中波斯文、突厥文、满文、蒙文、藏文等，供他参考运用的总计不下十六、七种。他是由博到精最成功的一个人……孟真是好强好胜的人，这种空气自然更刺激他博学好问的精神。[②]

此外，傅斯年对陈寅恪的治学方法也颇为认同。在《史学方法导论》一文中，他就曾以陈寅恪为例，探讨如何通过运用各种文字的记载互相印证，并论述研究历史如何运用直接材料和间接材料。后来，在他写作《明成祖生母记疑》一文时，陈寅恪也给他提供了很多资料，对他写成该文提供了很大的帮助。

① 罗家伦：《元气淋漓的傅孟真先生》，载王为松主编：《傅斯年印象》，学林出版社1997年版，第7页。

② 罗家伦：《元气淋漓的傅孟真先生》，载王为松主编：《傅斯年印象》，学林出版社1997年版，第8～9页。

6. 丁文江

丁文江，江苏泰兴人，生于1887年。1923年，丁氏与张君劢等人进行的“科玄论战”轰动一时，丁氏也因此受到人们的重视。傅斯年当时虽远在欧洲，但对这场论战也极为关注，并由此对丁文江有所了解。后来，他又读了丁文江的《历史人物与地理的关系》一文，对其学术观点和研究方法极为赞赏，认为里面有一些在欧洲已是正常、而在中国却尚未有人接受和使用的新观点、新方法，特别是“试着用统计方法于各种事物上，包括着人文科学。这实在是件好事”[①]。受此影响，傅斯年后来在《〈诗经〉讲义稿》和《性命古训辨证》的写作中，也曾用过这一方法。

1926年，丁文江作为“中英庚款顾问委员会”的中方委员，赴沪参加“卫灵顿中国访问团”的会议。这个委员会由11人组成，其中，中国委员有三人：丁文江、胡适、王景春。自此，丁文江与胡适相识并有所来往。1929年夏，经胡适介绍，傅斯年结识了丁文江。傅斯年对丁文江的才能、人品、志操、德行极为敬佩。他这样评价丁文江：

> 我以为在君(即丁文江)确是新时代最善良最有用的中国之代表，他是欧化中国过程中产生的最高的菁华，他是科学知识作燃料的大马力机器；他是抹杀主观，为学术社会国家服务者、为公众之进步及幸福而服务者。[②]

1931年，傅斯年、丁文江同被聘为北京大学教授。1932年，

---

① 傅斯年：《评丁文江的〈历史人物与地理关系〉》，载《人生问题发端——傅斯年学术散论》，学林出版社1997年版，第84页。

② 傅斯年：《我所认识的丁文江先生》，载雷启之编：《丁文江印象》，学林出版社1997年版，第13页。

二人与胡适共同创办了《独立评论》。1934 年，丁文江担任中央研究院总干事，自此，两人有了更多的接触机会，交往也逐渐密切。1935 年，丁文江煤气中毒事件发生后，傅斯年为抢救他东奔西走。丁文江逝世后，鉴于丁文江的重要贡献，傅斯年曾有为其作传以激励、教育国人的想法，但由于事物繁忙，加上他自己英年早逝，这一愿望最终未能实现。

7. 个人努力

傅斯年“幼聪颖，好学不倦”。如前所述，他 3 岁时，即由祖父教识蒙童读物；6～9 岁，就读于私塾；10～13 岁，在东昌府立小学读书。这段时间，他年龄在班中最小，成绩却最好。平时读书，遇有不识的字、不懂的词、深奥的句子，总要问个明白。老师不在身边，便记下来，以便随时向老师请教。身边无纸，便写在手上、臂上、腿上。[①] 在天津求学期间，傅斯年亦非常珍惜来之不易的学习机会。他住在英敛之家里时，每天放学除温习功课外，就陪英敛之谈论中外时局或一些经史文章，而从不与年仅比小他 4 岁的英敛之之子英千里玩耍。[②]

在北大学习的六年中，傅斯年也非常勤奋，致使其国学与西学都有很大的进步。不仅如此，受胡适影响，傅斯年还积极参加到新文化运动的大潮中来，成为新文学革命运动的勇猛战士。留学六年期间，他抱着“贪多务得，细大不捐”的心理，广泛涉猎

① 参见朱仲辉：《怀念傅故校长孟真先生》，载聊城师范学院历史系、聊城地区政协工委、山东省政协文史委员会合编：《傅斯年》，山东人民出版社 1991 年版，第 43 页。

② 参见英千里：《回忆幼年时代的傅校长》，载朱传誉主编：《傅孟真传记资料》（三），（台湾）天一出版社 1981 年版，第 95 页。

西学，并结合自己深厚的国学根基，形成了“不分东方与西方真理只有一个”[①]的文化观念，从西方取回了真经。

1926 年冬，傅斯年回国，立即践行自己的学术信念。他先是在中山大学任文科学长，创办语言历史研究所，并为学生开设《中国古代文学史》、《诗经》、《尚书》、《陶渊明诗》等课程。1928 年，中央史语所成立，他担任该所所长直至去世。在此期间，他领导史语所在历史学、语言学、考古学、民族学、人类学等领域取得了丰硕的成果，为中国传统文化向近代的转型做出了巨大贡献。此外，他本人在学术领域内的成就也备受瞩目。

“九一八”事变后，强烈的民族意识和国家观念使傅斯年在学术活动之余，积极参加抗日救国的伟大事业。抗战胜利后，他又主持北大复员，处理西南联大学潮。新中国成立前夕，他赴台任台湾大学校长，积极实践自己的教育思想，直至生命的最后一刻。

二、形成过程

(一)产生时期(1896～1926 年)

1. 对中国传统文化的继承与批判

少年时代的傅斯年一直以接受中国传统文化教育为主。当时的地域环境、深厚的家学渊源以及幼年私塾启蒙的教育，再加上好学不倦，其在少年时代便打下了深厚的传统文化的根基。他离开家乡之前的这段时间自不必说，在学校里诵经文，作八股

---

① 李济：《创办史语所与支持安阳考古工作的贡献》，载王为松主编：《傅斯年印象》，学林出版社 1997 年版，第 99 页。

文章，回到家里，祖父还要“给他布置那些在学堂里没读过的经书作为课外的作业，日复一日，年复一年，从来都不间断”[①]。后来，他随侯延塽到天津之后，在天津府立中学读书的四年半时间内，“受到了系统的近代新式中等教育”[②]。但在他升入北大预科后，时值袁世凯为复辟帝制大造尊孔复古舆论之时，处于袁氏统治腹地的北大更是首当其冲，深受其害。因此，傅斯年“在北大预科所接受的教育，仍未脱出中国传统的旧学问的窠臼”[③]。但也正因如此，傅斯年对中国传统文化才有了深刻的了解和认识，并具备了深刻的评判能力。

(1)经：对古文经学批判的继承

家学渊源、地域环境、师友影响加上个人的努力，使傅斯年在青少年时代打下了深厚的传统文化的根基。但是，传统文化的内容极其广泛，一旦深入，就会发现其错综复杂、流派甚多。傅斯年起初抱着欲览传统文化之全貌的心态，博览群书，但慢慢地就将兴趣归结到了古文经学一派。

“今文”、“古文”是儒家经籍的不同统绪。今文经学和古文经学是中国历史上影响比较深远的两大学派。西汉武帝以后，“罢黜百家，独尊儒术”，今文经学占据主流，当时的五经博士都是今文经学者。但今文经学在发展的过程中，逐渐陷入了僵化和烦琐，后又与谶纬结合，流于妄诞，逐渐衰落。西汉后期，刘向、刘歆父子发现了用古文写成的部分儒家经典，由于与当时流

① 李泉：《傅斯年学术思想评传》，北京图书馆出版社2000年版，第5页。

② 岳玉玺、李泉、马亮宽：《傅斯年——大气磅礴的一代学人》，天津人民出版社1994年版，第16页。

③ 李泉：《傅斯年学术思想评传》，北京图书馆出版社2000年版，第7页。

行的用汉隶写成的儒经内容有所不同，就建议把它列入经学，设立博士。到东汉时期，古文经学已发展成为一个具有重要影响的学派，与传统的今文经学形成对立之势。此后，两个学派历经两千多年，虽互相融合、吸收，但都保持了各自的特色。从根本上说，今文经学重视经学的微言大义，用经学附会政治；古文经学则重视音韵训诂和典章制度，注重从语言文字所存留的痕迹中去寻找“无形大史”。近代以来，康有为成为今文经学的代表人物，其撰写的《孔子改制考》、《新学伪经考》成为推动变法维新的理论依据；章太炎则是古文经学的代表人物，他主张“将经当史看”、“古文是历史”的观点，对后人也有重要影响。

1913年夏，傅斯年考入北大预科，进入偏重文史的乙部学习。在这里，他对以章太炎为代表的古文经学产生了浓厚的兴趣。章太炎主张“实事求是”，以文字为材料考辨的基点，从训诂、音韵、典章制度等方面阐述儒家经典与先秦诸子。这种将语言文字作为国学研究入门途径的方法，对傅斯年影响很大。1916年秋升入北大本科时，他选择了中国文学系，因为“他那时的志愿，实在是要通当时所谓‘国学’的全体；惟以语言文字为读一切书的门径，所以托身中国文学系”①。

傅斯年深厚的国学根基，加上崇信章氏学说，使当时任教于北大的国学大师刘师培、黄侃、陈汉章等对他非常器重。他们抱着“老儒传经”的思想，想让他继承仪征学统或章氏学说，虽然到后来，傅斯年批判了章氏的语言文字研究法，也没有成为这几位

① 毛子水：《傅孟真先生传略》，载王为松主编：《傅斯年印象》，学林出版社1997年版，第160页。

国学大师的私淑，但章氏学说对他的影响是无可否认的。这表现在，他重视语言文字的学问，认为它是读书入门的途径，是治一切学问的“基本功夫”。赴欧留学期间，更增强了他学习语言学的兴趣，他研习史学、哲学、自然科学等课程，同时学习比较语言学。回国后，他在中山大学创办语言历史研究所，将“语言”置于“历史”之前，后又在《性命古训辨证》中提出“以语言学的观点解决思想史中之问题”①，等等，足见其对语言学的重视。

(2)史：对清代考据学客观求实精神的继承

在宋代发展起来的考据学，助益和增强了客观求实的学术精神，后经清人的发扬研究，推动了中国史学向近代的转变。

中国古代史学有经世致用的传统，这种传统有利于史学政治功能的发挥，但也导致史学的实用化，有时甚至还要以牺牲史学的客观性与真实性为代价，来换取史学经世致用效果的实现。孔子作《春秋》，据后人讲其中就有微言大义的成分。孔子的这种做法被后人视为经世致用的典范，却也成为史学实现据实直书精神的障碍。后来，随着考据学在宋代的发展，情况开始有所变化，史学的客观求实精神开始被强调。司马光作《资治通鉴》时，为使所载史实具有真实性与客观性，就对所用史料进行了严密的考订辨析与比较甄别。傅斯年对此比较推崇。

到了清代，由于“文字狱”的实行，绝大多数学者都将精力用于“实事求是，无征不信”的考据学。在此背景之下，考据学进一步发展起来。考据学主张史学自身的客观性与真实性，对与史

---

① 傅斯年：《性命古训辨证》，载欧阳哲生主编：《傅斯年全集》第2卷，湖南教育出版社2003年版，第505页。

学本身无关的、一切从外部施加于史学之上的价值论因素，则基本采取排斥态度。这种研究方法使清代的乾嘉史学基本上克服了经世致用的史学传统，摆脱了主观说教的陈腐枷锁，表现出客观求实的学术特征，从方法上显示出近代的科学精神。

傅斯年的史学主张较多地受到了清代考据学的影响。如他反对"致用"，主张研究历史旨在求真；反对"把一切'仁义礼智'或其他主观"同史学混在一起；称赞顾炎武、闫若璩的考证方法是"最近代的"，要保持他们的"遗训"；主张"利用自然供给我们的一切工具，整理一切可逢着的史料"；主张对史料采取"存而不补"、"证而不疏"的客观态度……都反映出他对清代考据学客观求实精神的推崇和继承。在他倡导下形成的"史料建设派"的"考史而不著史"的治学风气，则更是对清代乾嘉考据学精神的继承和发扬。①

(3)子："中国本没有所谓哲学"

在这一时期，傅斯年对诸子学也有认识。在五四新文化运动时期，由于受胡适和章太炎学说的影响，傅斯年对中国传统的语言考据学产生了浓厚的兴趣。后及留学柏林大学时，他又认真学习了柏林大学久负盛名的语言文字考据学。中西方语言学的发展给傅斯年以极大的启示，他吸取西方语言哲学中的智慧，并结合中国乾嘉学派传统语言考据学的思想，形成了其独特的哲学思想，并将之用于对诸子学的研究。

1926 年 10 月，傅斯年在写给顾颉刚的信中，明确表示：

> 不赞成适之先生把记载老子、孔子、墨子等等之书呼作

---

① 参见葛志毅：《傅斯年史学思想的现实启示》，载《北方论丛》1991 年第 2 期。

> 哲学史。中国本没有所谓哲学。多谢上帝，给我们民族这么一个健康的习惯。我们中国所有的哲学，尽多到苏格拉底那样子而止，就是柏拉图的也尚不全有，更不必论到近代学院中的专技哲学，自贷嘉、来卜尼兹以来的。我们若呼子家为哲学家，大有误会之可能……现在我们姑称这些人们（子家）为方术家。思想一个名词也以少用为是。盖汉朝人的东西多半可说思想了，而晚周的东西总应该说是方术。[①]

这种观点在诸子学研究兴盛的中华民国学术史上，不仅异于以著《中国哲学史大纲》开中国哲学史研究先河的胡适，也异于继胡适之后完成第一部完整的《中国哲学史》并在书中称先秦为“子学时代”的冯友兰，可谓自成一家之言。

（4）集：批判旧文学，提倡新文学

傅斯年自幼精读诗书，对中国传统文学有深刻的了解。在北大读书时，适逢新文化运动蓬蓬勃勃开展之际，受此影响，傅斯年也积极批判中国旧文学，提倡新文学。

在北大期间，傅斯年与罗家伦等人创立了《新潮》杂志，并写下了不少提倡白话文的文章，如《文学革新申义》、《文言合一草议》、《白话文与心理改革》、《怎样做白话文》、《戏剧改良各面观》等，对中国传统旧文学展开了激烈的批判。在改造语言文字方面，他主张根据罗马字母创造拼音文字拼写汉语，以做到语文合一；他还主张文学创作直接用西洋的样式，文法、词法、句法、章法、修辞法等都要按照西洋文学的习惯，以造成一种“欧化的国

① 傅斯年：《与顾颉刚论古史书》，载欧阳哲生主编：《傅斯年全集》第1卷，湖南教育出版社2003年版，第459页。

语”和“欧化的国语文学”;他还认为中国旧戏没有价值,应该进行改良。在这里,傅斯年的思想流露出了一些民族虚无主义的情绪。对于这一点,我们应该有清醒的认识。

2. 对西方文化的吸取与利用

1917 年,蔡元培先生出任北大校长,他采取“思想自由,兼容并蓄”的办学方针,使北大成为新文化运动的中心。新文化运动以挑战传统儒家文化,宣扬西方文化为主导。傅斯年在北大学习期间,正值新文化运动轰轰烈烈开展之际,耳熏目染之下,他对西方文化也产生了浓厚的兴趣;后于 1920 年留学国外,在研习中国传统文化的同时,对西方文化有了进一步深切的了解。大体说来,傅斯年对西方文化的汲取有以下几个方面:

(1)进化论

渊源于西方的进化论思想是戊戌、辛亥以至“五四”三代中国知识分子的共同世界观。1859 年出版的《物种起源》一书提出了“物竞天择,适者生存”的生物进化观点,动摇了“上帝造人”的神学根基,带来了一场波及世界的思想大革命。后来斯宾塞将之用于认识论,形成了进化的哲学观。1895 年,中国著名启蒙思想家严复翻译并出版了赫胥黎的名著《天演论》,从世界观的角度介绍和阐发了进化论思想,并使之与中国当时的社会现实相结合,以激励国人自强保国。

进化论在中国的传播产生了极大的影响,成为国人进行救亡启蒙的指导思想。五四时期,随着西学的传播,进化论思想在更大层面上传播开来。在此期间,傅斯年亦受到熏染,并深刻地烙在其内心深处。比如,在提倡进行文学革新时,他就曾提出

“变古者恒居上乘，循古者必成文弊”①。在另一篇倡导白话文学的文章中，他同样指出“中国人在进化的决赛场上太落后了”②。这种认为文学必须革新的思想推动他成为新文化运动的骨干。

(2)实用主义

“实用主义”一词起源于希腊语，它是19世纪70年代产生于美国的一个哲学派别。1873年，美国著名逻辑学家皮耳士将之运用到哲学研究上；到詹姆士时，正式形成一种新的哲学研究方法。詹姆士认为：“实用主义代表一种在哲学上人们熟悉的态度，即经验主义的态度”③；“实用主义的方法，不是什么特别的结果，只不过是一种确定方向的态度。这个态度不是去看最先的事物、原则、范畴和假定是必须的东西；而是去看最后的事物、收获、效果和事实”④。可见，实用主义的内核是经验主义和实用效果。继詹姆士之后，在美国宣扬实用主义的代表人物是美国资产阶级教育家和哲学家杜威。胡适在美国哥伦比亚大学留学时，接受了杜威的实用主义，并由此成为他的得意门生。在杜威的影响下，胡适对实用主义亦深信不疑，并于1919年4月发表了《实验主义》一文，向国人全面介绍了实用主义的理论与方法。“五四”前夕，在胡适的陪同下来到中国，杜威在中国待了两

① 傅斯年：《文学革新申义》，载欧阳哲生主编：《傅斯年全集》第1卷，湖南教育出版社2003年版，第3页。

② 傅斯年：《白话文学与心理的改革》，载欧阳哲生主编：《傅斯年全集》第1卷，湖南教育出版社2003年版，第246页。

③ [美]威廉·詹姆士：《实用主义》，商务印书馆1983年版，第29页。

④ [美]威廉·詹姆士：《实用主义》，商务印书馆1983年版，第31页。

年零两个月，使实用主义在中国风靡一时。

作为胡适的得意弟子，傅斯年对其师宣扬的实用主义也深信不疑，几乎是全盘接受。在整个五四时期，傅斯年对实用主义哲学大师詹姆士、杜威、席勒、皮耳士的思想观点都作过介绍，对实用主义的人生哲学、“性情哲学”、认识论等，都有具体的阐释，可以说是“实用主义的摹本”。傅斯年不仅对实用主义崇信有加，对与之相关的、用于证明假设真理的认识手段——实用逻辑，也是倾心向慕。在《失勒博士的〈形式逻辑〉》一文中，他把以往的分析逻辑归结为形式逻辑、符号逻辑、知理逻辑、实施逻辑和器用逻辑等几种。在他看来，这几种逻辑各有其弊端：“形式逻辑已经够形式的了，符号逻辑比他更要形式，只是一种玩具，只说得意义的形式，在实用上没丝毫的位置的。玄学逻辑和知理逻辑更是近于无稽，打不清的官司，开不通的道路；人家常说他是‘杂种科学’。形式逻辑约束人的思想，无用而貌为有用。”正因如此，“惟有实用逻辑是基于近年心理学的发展而形成的，切实、有用，因而可贵。”①

傅斯年之所以对西方哲学中的实用主义很快接受，并奉为圭臬，与当时中国哲学界的现状有很大的关系。当时中国哲学界受形式主义的影响很深，在傅斯年看来，“形式主义是个坏根性，用到那里那里糟。只可惜我们中国人被形式主义束缚牢

---

① 傅斯年：《失勒博士的〈形式逻辑〉》，载欧阳哲生主编：《傅斯年全集》第1卷，湖南教育出版社2003年版，第199页。

了”[①]，以至于“今之谈玄学者，皆以为玄之又玄”[②]，甚至一些以哲学自负的诸公“竟不知道当代学问的门径”，而“在三家村里自豪”，“在黑人群里上哲学家的雅号”[③]。而且在傅斯年看来，中国古代的哲学，只是一些“初民的思想”，没有完备的系统。惟有实用主义，才能“纠正中国一切不着旁涯混沌浮乱的思想”[④]。尽管后来，随着“问题与主义”论战的展开，实用主义的缺陷也明显表现出来，并最终沉寂下去，但是，实用主义对五四新文化运动时期中国哲学界的影响是极为重大的。此后傅斯年在哲学上重西轻中，以西为体、以中为用的思想路线，恐怕即植根于此。

(3)心理学、逻辑学

傅斯年进入伦敦大学后，首先师从史培曼教授学习实验心理学。为了研究实验心理学，他对化学、数学亦有涉猎。在逻辑学方面，他对皮尔生的“科学规律”、“或然率”，马赫的《感觉的分析》及《力学》都有研究。这种学术经历对其文化观的形成也有一定的影响。

(4)兰克的实证主义史学

在德国柏林大学学习期间，傅斯年深受久负盛名的兰克的实证主义史学派的影响。兰克及其弟子所创建的实证主义史学

---

① 傅斯年：《失勒博士的〈形式逻辑〉》，载欧阳哲生主编：《傅斯年全集》第1卷，湖南教育出版社2003年版，第198页。

② 傅斯年：《马叙伦著〈庄子札记〉》，载欧阳哲生主编：《傅斯年全集》第1卷，湖南教育出版社2003年版，第116页。

③ 傅斯年：《对于中国今日谈哲学者之感念》，载欧阳哲生主编：《傅斯年全集》第1卷，湖南教育出版社2003年版，第240页。

④ 傅斯年：《失勒博士的〈形式逻辑〉》，载欧阳哲生主编：《傅斯年全集》第1卷，湖南教育出版社2003年版，第198页。

流派，主张以“不偏不倚”的态度，“让史料本身来说话”，以建立与自然科学有同等精确性和实证性的史学。由于这种学派与清代乾嘉史学和朴学精神有相通之处，而备受傅斯年的青睐。傅斯年将之借鉴、吸收过来，并结合自己早期所接受的科学观念，提出了“史学只是史料学”的史学命题。

综上所述，深厚的国学根基和对西学的吸取，使傅斯年对中西文化有了深切的认识。北大期间，傅斯年对于当时的思想界有过阐述：“觉得欧美的东西都是好的，固然是荒谬极了；但是极端的崇外，却未尝不可。”[①]对西方文化相当崇拜。但留学英、美时，在对西方文化有了系统的、真切的了解之后，他又认识到，“五四”期间那种彻底否定中国传统文化、极端崇拜西方文化的态度是不正确的，中西文化各有长短。因此，回国后，他提出“不分东西真理只有一个”的学术见解。对此，李济有过回忆：“他对整个学术上的见解，认为世界上没有什么东方、西方之分，他向来不用什么东方文化、西方文化这一名词，他认为真理只有一个，发现这真理的人，不管是东方人也好，西方人也好。”[②]结合傅斯年回国后的论著，李济的回忆是符合实际的。傅斯年经常比较中国人和西方人的异同及文化的优劣，他的结论往往是各有短长，要求中国吸收西方文化和科学技术中进步的东西，借鉴他们的长处，以发展自己。应该说，这种认识符合了中国传统文化向近代转型的要求，在一定程度上推动了中国文化的进步与发展。

---

① 傅斯年：《余裴山致傅斯年、傅斯年答余裴山》，载欧阳哲生主编：《傅斯年全集》第1卷，湖南教育出版社2003年版，第210页。

② 李济：《创办史语所与支持安阳考古工作的贡献》，载王为松主编：《傅斯年印象》，学林出版社1997年版，第99页。

（二）成熟时期(1926～1937 年)

1926 年冬，傅斯年结束了在德国柏林大学的学习生涯，回到中国，随即接受了中山大学校长朱家骅的邀请，出任中山大学文科学长。在此期间，他创办了语言历史研究所，并出版了《语言历史研究所周刊》，招收研究生，是为其"用科学方法以研究文史"[①]的开端。国民政府成立后，致力于中国各项事业的建设。在此背景下，1928 年，国民政府最高学术研究机关中央研究院正式成立。随后，中央研究院院长蔡元培任命傅斯年等人负责筹建历史语言研究所。10 月，史语所在广州正式成立，傅斯年随即出任所长。至此，傅斯年辞去中山大学职务，专心致力于史语所工作。在傅斯年任所长期间，他领导史语所做了几件大事：一是在史语所内大力主张历史学、语言学的研究要运用新材料，发现新问题，采取新方法，从而形成了一个实现其"史学只是史料学"学术主张的坚固堡垒；二是收购险些被外国人买走、化为纸浆的明清内阁大库档案，打响了"上穷碧落下黄泉，动手动脚找东西"的第一炮；三是开展大规模空前的殷墟考古发掘，为近代考古学、人类学，特别是殷商史的研究创造了有利的条件；四是聘请了一批在学界享有盛誉的学者，如李济、陈寅恪、董作宾、赵元任、徐中舒等，通过这些学者的培养、训练，一大批年轻人才脱颖而出，成为民国时期学术研究的中坚力量；五是出版《历史语言研究所集刊》、《田野考古报告》、《人类学集刊》、《中国人类学报告》等一系列学术杂志，向学术界展示了在历史学、语言学、

① 毛子水：《傅孟真先生传略》，载王为松主编：《傅斯年印象》，学林出版社 1997 年版，第 163 页。

考古学方面的丰硕成果。此外，他本人也拿出了示范性作品：《战国子家叙论》、《夷夏东西说》、《历史语言研究所工作之旨趣》、《大东小东说》，等，其文化观达到了成熟。

（三）发展时期（1937～1945年）

"七七"事变后，傅斯年虽仍致力于学术工作，但严重的民族危机使他不能安心于书斋，他沿着原来的政治方向向前迈进了一大步，即由原来的著文评论政治到参与实际的政治活动，以无党派人士的身份参政议政。在这期间，他的学术生涯也达到了巅峰，代表其最高学术水平的《性命古训辨证》问世，是为中国古代思想发展史的一部杰出著作。

这一时期，中国传统观念影响下的向心观念和依附变异的文化品格在傅斯年身上体现得非常明显。他虽深受西方文化的熏染，并一生以自由主义和民主科学相标榜，可是，从这一时期的政治行为来看，他愈来愈向国民党政权靠拢。自从国民党政权建立后，傅斯年就将之视为合法政权，如他对西安事变的发动者张学良、杨虎城著文声讨，在处理1945年昆明"一二一"学生爱国运动时对进步学生进行压制，这些是这种思想意识的外在体现。虽然有时他也认为国民党政权不理想，对其腐败现象与弊端进行过抨击与揭露。如他曾两次上书蒋介石，反对孔祥熙出任行政院长一职，后又著文《这个样子的宋子文非走开不可》，但他批判国民党的目的是促其完善。诚如程沧波所言："孟真是'五四'时代的人物，他受过西洋文明的深厚陶化，同时因为读过中国书太多了，中国文化的传统，对他无形中是特别浓厚。”①

（四）延续时期（1945～1950年）

傅斯年在国家危难、生灵涂炭之际，努力奋斗，参政议政，是出于一个知识分子的良知，但这并不是他的志趣。因此，抗战结束后，他又重新回到学术中来。抗战结束后，傅斯年出任北大校长，主持北大的复员工作。在复员过程中，他两次声明坚决不用伪北大的教职员工，认为文人尤其教师，在民族危亡的关头，不仅不去报效祖国，反而在敌人手下做事，是一种缺乏气节的表现。此外，他在学术研究上也颇有起色。

1948年，国民党失败已成定局。傅斯年决定赴台。赴台以后，他又出任台湾大学校长。经过他的精心筹划，锐意革新，台大的教学管理工作很快走上了正轨。1950年12月20日，傅斯年参加了由蒋梦麟召集的农复会，讨论农业教育改进和保送台大学生出国深造等事宜，在回答参议员郭国基的质询时，由于情绪激动，高血压病发作，昏了过去。后经抢救无效，于当夜去世。

三、文化观念的构成

（一）强烈的民族意识和国家观念

“孟真先生具有强烈的民族意识和国家观念。”②傅斯年对

① 程沧波：《再记孟真》，载朱传誉主编：《傅孟真传记资料》（一），台湾天一出版社1981年版，第112～113页。

② 傅乐成：《傅孟真先生的民族思想》，载王为松主编：《傅斯年印象》，学林出版社1997年版，第193页。

历史人物的评价，主要以历史人物的节操为标准。他生平最推崇的历史人物要算诸葛亮、文天祥和谢枋得。此外，他对黄道周、顾炎武、王夫之等也深有敬意，甚至对冉闵、恒温、刘裕等也颇有奖饰之词，而这些人无一不以气节著称。

“九一八”事变后，傅斯年首先提出“书生何以报国”的问题，并于1932年与胡适、丁文江等人创办了《独立评论》，宣传抗日，反对华北特殊化。同年，他撰写的《东北史纲》出版。该著作提出了一个重要观点：东北自古即为中国的领土。日寇侵陷东北后，北大马衡等人发起北平为“文化城”的运动，企图以此逃避战火的袭击。对此，傅斯年坚决反对，认为这乃“读书人之惭愧也”。1933年6月，胡适在《独立评论》上著文《保全华北的重要》，主张对日妥协。傅斯年得知后极为愤怒，并要求退出《独立评论》，不惜与自己的恩师决裂。傅斯年不常作诗，尤其是旧诗，但在抗战期间，为悼念范筑先、张自忠等抗日英雄，也曾作过几首旧诗，表现出一个知识分子忠于国家和民族的深厚情怀。

傅斯年强烈的民族意识和国家观念及爱国的真诚和狂热，在他的言行中随处可见。比如，在《中华民族是整个的》一文中，他始终坚持“中华民族是一个”的原则，认为中华民族自古至今经常与外族同化合成一体，中国境内虽有若干民族，但在同化混合的过程中，不足以影响中华民族的整体性，统一和完整始终是中华民族发展的主旋律。而在1945年8月，当他得知侵华日军宣布投降时，他竟然高兴得要“疯了”，其强烈的民族意识和国家观念于此可见一斑。

(二)“以天下为己任”的文化情怀

由于受中国传统文化的熏陶，傅斯年身上具有传统士大夫

“以天下为己任”的文化情怀，始终保持着强烈的社会责任感，是社会价值的积极构建者。他自己就曾说过：“我本心不满于政治社会，又看不出好路线之故，而思进入学问，偏又不能忘此生民，于是在门里门外跑来跑去，至于咆哮，出也出不远，进也住不久，此所以一事无成也。”[①]正因为有“以天下为己任”的博大胸怀，所以他敢于仗义执言，并因此获得了“傅大炮”的雅号。

傅斯年一生创办了许多刊物，如《新潮》、《语言历史研究所周刊》、《历史语言研究所集刊》、《独立评论》等。他本人在这些刊物上发表了很多政论文章，针对时局阐述自己的政治主张，积极探索救国救民、改造社会的方案。比如，他曾指出：“现在革命过程中的一切牺牲，是为民众利益的，不是为贪官污吏中饱的，不是为买办阶级发财的”，所以“誓死要和这些败类搏斗”，因为，只有这样，“才能真正帮助政府”。[②] 他在任国民参政会议员期间，更是致力于社会的改造活动，每次会议的发言和建议，都以促请政府整刷政风为主。他不畏权势，抨击、弹劾孔祥熙、宋子文，更是这种“以天下为己任”的文化品格的再现。

（三）向心观念和依附变异的文化品格

傅斯年既接受过儒家文化忠君、爱国观念的教育，又受过西方文化自由、民主、独立思想的浸染，其文化品格呈现出明显的二重特征：一方面强调个人的自主性和独立品格，另一方面则表现出依附正统政权的意识。比如，他虽痛恨国民党政权的腐败，

---

① 《胡适往来书信选》（中），中华书局1983年版，第55页。

② 罗家伦：《元气淋漓的傅孟真先生》，载王为松主编：《傅斯年印象》，学林出版社1997年版，第14页。

但却始终把以蒋介石为代表的国民党政权视为正统而加以拥护。在他看来，国民党政府虽有问题，却代表着当时中国的国家政权，任何无政府行为都是不允许的。这可以从他1947年写给胡适的信中看出："一、我们与中共必成势不两立之势，自玄学至人生观，自理想至现实，无一同者……二、使中共不得势……三、保持抵抗中共的力量、保持批评政府的地位，最多只是办报……"[①]正因如此，在现实生活中，他只有反贪官污吏之勇气，而无拨乱反正之决心。这就决定了他难以割舍与国民党政权的联系，而甘愿为之殉节。

（四）实证的、科学的学术理念

傅斯年从中国传统文化及兰克的实证主义史学和胡适的"科学"理念中汲取营养，形成了实证的、科学的学术理念，并成为其一生的学术支点。通观傅斯年对中国传统文化的认识，不管是他本人在学术领域内的研究，如《夷夏东西说》、《大东小东说》、《论所谓五等爵》、《性命古训辨证》等在中国近代学术史上具有举足轻重地位的著作，还是他领导的史语所，在"史学只是史料学"、"建设科学的东方学"和"上穷碧落下黄泉，动手动脚找东西"的学术口号下所取得的学术成就，无一不带有这种深刻的学术烙印。

5."不分东方与西方真理只有一个"

傅斯年对中西文化的总体认识以"不分东方与西方真理只有一个"为标准。在他看来，文化不分东方与西方，只要趋于真理，就是好的，就可以借鉴。比如，在五四新文化运动期间，他对

---

① 《胡适往来书信选》(下)，中华书局1983年版，第170页。

西方的实用主义哲学所表现出来的“科学方法”非常倾慕，认为其为“思想界中最精的产物”，可以拯救中国哲学界中“浑沌”、“浮乱”的现状。在哲学与语言学的关系上，他提出“哲学乃语言之副产品”，并据此认定中国古代没有哲学。后来，他又将实证的、科学的学术理念引入中国史学领域，创办史语所，促进中国历史学、语言学、民族学、人类学尤其是考古学向近代的转变发展，无一不是这种文化观念的外在体现。此外，他对中国文学的批判及本人在中国古典文学领域内的研究，亦根基于“不分东方与西方真理只有一个”的文化观。虽然他在对“真理”的把握上，不十分恰当。

傅斯年以“真理”为标准，积极主张汲取西方文化中代表人类发展趋势的部分，并将之用于对中国传统文化的改造，其目的只有一个，即希冀在中国建构一个新的文化体系，以构中华之未来。

近代中国半殖民地半封建社会的形势，迫使国人向西方寻求救国救民的真理，并积极寻求一条中国传统文化与西方文化相结合的契合点，以实现中国传统文化向近代的转型。然而，正如有人所言：“中国传统的文化态度和入世精神，一直是延续于二十世纪知识分子的血脉之中，并且严重地影响了他们的学术态度。”[①]他们的社会身份、文化教养、观念意识大都是西方的，但心态结构、行为模式、情绪体验等等，却依然是中国的。他们

---

① 张志忠：《承受之重和之轻》，载祝勇编：《知识分子应该干什么》，时事出版社1999年版，第231页。

理智上接受西方，在情感上却面向东方。往往到了需要实际行动，而非夸夸其谈的时候，他们更多的是受世代相继的传统文化心理的摆布。同许多其他的知识分子一样，傅斯年毕竟是生于晚清，启蒙于“四书五经”教育的一代，不可能完全摆脱掉传统文化的烙印。他既想脱离传统，又身不由己地陷入传统的羁绊。在推动中国传统文化向近代转型的过程中，徘徊于学术与政治之间的傅斯年，其思维脉络亦不出“修齐治平”、“内圣外王”的传统路数。

第二章　傅斯年的哲学思想

大体来讲，傅斯年早期的哲学思想深受西方实用主义的影响，他曾对其产生浓厚的兴趣，这可以从他在五四新文化运动期间发表的一些对哲学认识的文章中看出。但是，因具有深厚的旧学根柢及在德国柏林大学求学时受语言考据学熏染的经历，他将兴趣最终转移到了对中国传统哲学的认识与改造上。

一、诸子学

（一）先秦诸子总论

1.“论战国诸子除墨子外皆出于职业”

关于诸子产生的问题，晚清民初主要有两种观点：一是诸子出于王官论，其理论根据是刘歆《七略》中的“九流之目”，代表人物是章太炎。二是强调诸子学不出于王官，代表人物是胡适。胡适认为，诸子学不仅不出于王官，而且为王官之学所不容，只有在王官之学废绝后，诸子学才大兴。[①] 这一主张对傅斯年有深刻的影响。

在傅斯年看来，诸子学的产生应该有一个“物质的凭借”，具体来说，是“才智之士在一个特殊的地域当一个特殊的时代凭借一种特殊的职业而生”[②]。为了说明这个问题，他把战国时期诸子百家的地域、时代、职业等进行了详细的分析，据此指出了诸子百家与职业的关系。在他看来，“所谓儒者乃起于鲁流行于各地之‘教书匠”[③]；纵横刑法本身即是一种职业，“不辨自明”；老聃是史官，所以才有“把世故人情看得最深刻”的《老子》之学；管、晏、关、老、申、商、韩非都是“其国后学从事于学政治者所托”；而“刑名之学，出于三晋周郑官术，更是一种职业的学问”；名辨之士则“专以口辩搏生活”。经过对战国诸子职业与学派关系的分析后，傅斯年提出了自己的看法，“无论有组织的儒墨显学，或一切自成一家的方术论者，其思想之趋向多由其职业之支配。其成家之号，除墨者之称外，如纵横名法等等，皆与其职业有不少关联”[④]，从而提出了与《七略》、《汉志》中“九流十家皆出于王官”说法不一样的观点。

傅斯年以大胆的勇气向传统观点挑战的行为，给后人很大

---

① 参见胡适：《胡适学术文集·中国哲学史》，中华书局 1991 年版，第 591～597 页。

② 傅斯年：《战国子家叙论》，载欧阳哲生主编：《傅斯年全集》第 2 卷，湖南教育出版社 2003 年版，第 255 页。

③ 傅斯年：《战国子家叙论》，载欧阳哲生主编：《傅斯年全集》第 2 卷，湖南教育出版社 2003 年版，第 258 页。

④ 傅斯年：《战国子家叙论》，载欧阳哲生主编：《傅斯年全集》第 2 卷，湖南教育出版社 2003 年版，第 260 页。

的启发。当时多数学者从不同方面探讨诸子学内在的渊源。其中,一些著作在探讨时也注意到了战国时期社会历史条件对诸子学形成的影响。到20世纪30年代,冯友兰等人把诸子学说的形成与社会阶层关联起来,提出了"先秦诸子出于职业之说",从而肯定了傅斯年的这种观点。

(2)先秦诸子的组织性

傅斯年认为先秦诸子中有组织系统者少,无组织系统者多。诸子百家之中,儒为有组织的学派,这不言自明。除此之外,墨家组织最为严整,因为它乃"一种宗教的组织","是一个系统的宗教思想"①;而其他的诸子百家,大体上都自成一家之言,并无组织性。

3. 先秦诸子的区域性

傅斯年对先前诸子的区域性亦有分析。他认为齐国近海,可能因为交通便利而接触异人,且又是民族迁徙自西向东的最后一个,加上姜、田两代有礼贤下士的侯王,因此文化极高,对晚周汉初的贡献也很大。在傅斯年看来,这种文化贡献主要表现在五个方面:宗教,五行论,托于管、晏的政论,齐儒学,齐文辞。鲁国是周王朝在东方开辟的一个领地。周亡后,"周礼尽在鲁矣",用诗、书、礼、乐作"法宝"的儒家产生于此,是非常自然的事。但是,在当时的诸侯国中,鲁国只能算是二等国家,无法与齐、楚、秦、晋这些一等国家相抗衡。因此,儒家弟子一走出鲁国,便无法保持原来的样子。其中,墨子表现得最为明显。宋国

① 傅斯年:《战国子家叙论》,载欧阳哲生主编:《傅斯年全集》第2卷,湖南教育出版社2003年版,第262页。

本来是殷商贵族所建，文化既古且高，而且人心质直，民俗淳朴，富于宗教性。所以，富有宗教色彩的墨家能以此为基地。周郑时为一文化中心，三晋由于在地理位置上接近周郑而受其影响颇大，也出了不少学者。

在对诸子学的研究中，傅斯年注意到了地理环境对文化的制约作用，这种思想虽不似后来共产党提倡的唯物辩证法清晰，但也含有唯物辩证论的色彩。其实，在读丁文江的《历史人物与地理的关系》一文时，傅斯年就深受启发，并将之运用到对中国哲学的研究中。在对先秦诸子的研究中，他虽不能对地理环境与文化生成的辩证关系予以科学的分析，但是这种敢于"开风气之先"的勇气，还是值得后人学习的。

4. 春秋战国之际诸子并兴的原因

在对春秋战国时期诸子学兴起原因的分析中，近代中国学术界基本上有两种观点：一种是以康有为为代表的今文经学家，认为孔子以前的文化十分落后，春秋战国之际文化的发达皆由于孔子，诸子学说起于晚周；另一种则是以章太炎为代表的古文经学家，认为中国文化至少在西周时期已相当发达，孔子只是"述而不作"，总结了前人的成果。傅斯年赞成后一种说法，并在此基础上，对春秋战国之际诸子并兴的原因重新作了分析。

傅斯年认为，今天人们对西周的事情虽然知道的不多，但可以断定当时的社会、人文已经相当发达了，"西周晚年以及春秋全世，若不是有很高的人文，很细的社会组织，很奢侈的朝廷，很繁丰的训典，则直接春秋时代而生之诸子学说……皆都若无所附丽”[①]。由此，他认为春秋战国之际“百家争鸣”的出现，“只能生在一个长久发达的文化之后，周密繁丰的人文之中”[②]。具体来说，他认为春秋战国时期文化发达的表现主要体现在四个方面：一是书写工具的进步，使战国诸子各家著书立说有了“必要的凭借”。二是当时政治无主，传统已不能支配社会，世变纷繁必“摩擦出好些思想来”。三是当时中原大乱，周边大国大启疆土，大兼并、大开拓的局面促进了生产力的发展，也使文化发展出现了新趋势。此外，战争的进行使民族融合加强，也使文化富于前代，成为诸子思想产生的土壤。四是社会组织的变迁使部落式的封建国家成为军事大国。诸侯尚侈，养客之风大盛，为各种学说的产生提供了条件。[③]

在分析春秋战国之际诸子勃兴的原因时，傅斯年已意识到了政治、经济、社会等社会历史条件方面的剧烈变动对文化发展的巨大推动作用。这虽有别于后来马克思主义史学家从历史环境的角度考察学说起源的方法，但较之前人仅从学术传承的角度研究学术问题，具有更广阔的视野。因此，在一定程度上，也加深了对这一问题的认识。

① 傅斯年：《战国子家叙论》，载欧阳哲生主编：《傅斯年全集》第2卷，湖南教育出版社2003年版，第264页。

② 傅斯年：《战国子家叙论》，载欧阳哲生主编：《傅斯年全集》第2卷，湖南教育出版社2003年版，第265页。

③ 参见傅斯年：《战国子家叙论》，载欧阳哲生主编：《傅斯年全集》第2卷，湖南教育出版社2003年版，第265～267页。

（二）儒家

1.“儒者乃起于鲁流行于各地之‘教书匠’”

在诸子学说中，儒家学说对后世影响最大，后人对它的研究也最为用力。在儒家学说的起源这一问题上，历来有不少学者进行探讨。傅斯年对这个问题也提出了自己的看法。他认为，“儒”作为人的一种行为方式或一种类型的人，起源于各地之“教书匠”。

根据儒家学派的地域因素，傅斯年认为“儒是鲁学”，儒学是凭借鲁国的特殊地域产生的。他认为，鲁是西周初年在东方的领地，随着周朝故有领土的逐步消失，鲁成为保存周朝典章制度最完备的国家。因此，他指出，“拿诗、书、礼、乐作法宝的儒家出于鲁国，是再自然没有的事情。盖人文既高，仪节尤备，文书所存独多”。但是，傅斯年同时认为，鲁国“是一个二等的国家，虽想好功矜伐而不能”[①]。既然无力与其他诸侯国抗衡，而文化又居于非常有力的地位，以诗书礼乐为主要内涵的儒家产生于此则是相当自然的事情了。

关于儒的职业凭借，傅斯年认为起于教书匠。他说，“儒者以孔子为准，而孔子之为‘教书匠’在《论语》中甚明显”，并进而指出：“其实一部《论语》三分之二是教学生如何治学，如何修身，如何从政的。”[②]在傅斯年看来，从个人身份来讲，孔子既不是大夫，也不是普通的百姓。这样的特殊情况，决定了他必须以授徒

① 傅斯年：《战国子家叙论》，载欧阳哲生主编：《傅斯年全集》第 2 卷，湖南教育出版社 2003 年版，第 275 页。

② 傅斯年：《战国子家叙论》，载欧阳哲生主编：《傅斯年全集》第 2 卷，湖南教育出版社 2003 年版，第 258 页。

讲学作为生活的主要来源。同时他还引用《史记·儒林列传》中的记载，指出："进则仕，退则教的生活，既是儒者职业之所托，又是孔子成大名之所由。"[①]傅斯年认为，孔子及其弟子这种进则仕、退则教的生活，不仅保证了儒家门徒的生活来源，同时也为儒家学派的形成和发展打下了良好的基础。

为了证明自己的观点，傅斯年特地罗列了一些儒家学者的地域、生活的时期及职业特征。比如，孔子，鲁（有说其源自宋者）春秋战国间教人；卜商，由鲁至魏春秋战国间教人；曾参，鲁春秋战国间教人；言堰，吴春秋战国间教人；孔汲，由鲁至宋春秋战国间教人；颛孙师，陈春秋战国间教人；漆雕开，今本《家语》说是蔡人，春秋战国间人，近于游侠；孟子，邹鲁（游于齐梁）间战国中期教人，亦为诸侯客，近于游谈；荀卿，赵战国末期教人。[②]

目前，学术界普遍认为，夏、商、周三代形成的文化积淀、春秋战国时期官学的没落和私学的兴起，是儒家学说产生的重要文化条件；鲁国有尊崇礼制和维护宗法的传统，是儒学产生的社会条件；孔子一生致力于私学教育，培养了一批弟子，是儒学产生的现实条件。在对儒学兴起原因的探讨中，傅斯年从多角度进行考证，并认识到"儒是鲁学"，职业是教师，这一点是应该肯定的。

2."儒为诸子之前驱，亦为诸子之后殿"

儒学的历史越早越模糊，尤其是它和先秦诸子的关系，非常复杂，因此，要认清儒学的早期历史非常不易。但是，傅斯年不

① 傅斯年：《战国子家叙论》，载欧阳哲生主编：《傅斯年全集》第2卷，湖南教育出版社2003年版，第259页。

② 傅斯年：《战国子家叙论》，载欧阳哲生主编：《傅斯年全集》第2卷，湖南教育出版社2003年版，第255～256页。

畏困难，对这些问题进行了清理，并提出了自己的看法。

首先，他认为“儒为诸子中之最前者”[①]。为了证明这一观点，他论证了管子、晏子起于孔子之后的事实。他认为，孔子所处的时代，“百家争鸣”还没有出现，比较可靠的证据是孔子对诸子学都未曾论及；此外，他还指出墨子也居于孔子之后；他还认为托于管、晏的著作，其思想是战国时人才具有的，并非春秋晚期的思想。这些事实都证明了“儒为诸子中之最前者”。

其次，傅斯年认为诸子百家由争鸣到融通，经历了一个漫长的过程，并提出了儒“为诸子之后殿”的观点，把最后的胜利判给了儒家。傅斯年认为儒为诸子的殿军，这是与墨家、黄老、阴阳家激烈斗争的结果。他说：

> 儒者最先出，历对大敌三：一、墨家，二、黄老，三、阴阳。儒墨之战在战国极剧烈，这层可于孟、墨、韩、吕诸子中看出。儒家黄老之战在汉初年极剧烈，这层《史记》有记载。汉代儒家的齐学本是杂阴阳的，汉武帝时代的儒家已是大部分糅合阴阳，如董仲舒；以后纬书出来，符命图谶出来，更向阴阳同化。所以从武帝到光武虽然号称儒学正统，不过是一个名目，骨子里头是阴阳家已篡了儒家的正统。直到东汉，儒家才渐渐向阴阳求解放。[②]

在这里，傅斯年把儒家学说与其他诸子学说的斗争过程描述得相当清楚，从而明确了“儒为诸子之后殿”的观点。

---

① 傅斯年：《战国子家叙论》，载欧阳哲生主编：《傅斯年全集》第2卷，湖南教育出版社2003年版，第268页。

② 傅斯年：《战国子家叙论》，载欧阳哲生主编：《傅斯年全集》第2卷，湖南教育出版社2003年版，第268～269页。

3. 老庄学派

老庄学派为诸子学派中很有影响力的一个派别。但是，对于老子的身份，学术界历来有争论。清人汪容甫根据古书记载，认为《史记·老子韩非列传》中的老子实为三人：著五千言者为史儋；孔子问礼者为老聃；家居苦莱县者为老莱子。傅斯年同意此说，认为《老子》的作者是战国太史儋。《老子》的内容可分为道术和权谋两种，二者实为一事，"道术即是权谋之扩充，权谋亦即道术之实用"。老子生在乱世，通晓往古史事，洞澈世故人情，所以书中"全无主观之论，皆成深刻之言"①，从而指出了老子学说的本质。

傅斯年对庄子学说也有研究。他认为，今本《庄子》乃西晋时期的向秀、郭象所作，并不是庄子本人的作品。由他二人写成的《庄子》分内篇、外篇、杂篇三部分，全凭主观，既无逻辑标准，也无前人遗说为据。若以《天下》篇衡量，则《逍遥游》、《秋水》等更接近庄子的本义，外篇、杂篇比内篇更能反映庄子的思想。后来，任继愈在《中国哲学史》、张恒寿在《〈庄子〉新探》中也均有此认识②，这说明傅斯年的认识已为后人所肯定。

傅斯年对先秦诸子中的其他学派，如儒家的孟、荀两派，墨家，道家的庄子学派，阴阳家，齐晋的政论家，稷下学派，杂家等也都作过一些分析和研究。

---

① 傅斯年：《战国子家叙论》，载欧阳哲生主编：《傅斯年全集》第2卷，湖南教育出版社2003年版，第286页。

② 参见李泉：《傅斯年学术思想评传》，北京图书馆出版社2000年版，第188～189页。

二、天命观

1940年，代表傅斯年哲学研究最高水平的《性命古训辨证》问世。该书为中国学术界以“语言学的观点解决思想史中之问题”的首创。其中，上卷统计先秦至西汉时期一切有关“性”、“命”二字的本义，指出“性”、“命”二字的来源。在这里，傅斯年认为，“性”从生而来，“命”从令而来。“性”与“生”、“命”与“令”到战国时期还没有显著的区别，到汉代时，这四个字才正式分别使用。中卷推论殷周以来的天命观、人性论。在这卷中，傅斯年对“上帝”观念的产生、周初“人道主义”的发现、儒墨诸家所谓的言性与天道及其相互关系都作了较为系统的分析，揭示出不少中国哲学史上的新问题。下卷比较了汉儒、宋儒的性命理论，阐释了宋学的渊源，并对宋学的历史进行了重新评价。

在《性命古训辨证》这部著作中，最为引人注意的是，傅斯年以儒墨为重点，对于中国古代的天命观、人性论进行了条分缕析。

(一)周初“天命无常论”

傅斯年认为，远古时代的人们以自然力、自然物或祖先为崇拜对象，并未产生抽象的皇天观念，只是后来随着政治的、社会的、思想的变化以后，才有了所谓的“皇天的系统”。在这里，他根据孙海波的《甲骨文编》一书，认为在殷商初期，上天之帝只有单称，没有双称，后为将天帝与祖先之帝加以区别，乃在单称的上天之帝前加上了“上”字，曰“上帝”。周朝代商以后，继承了商文化并将上帝置于宗神之上。经过这样的转移，上帝便成为当时一个极为普遍的观念。在此背景下，“无偏无常”、“其命无常”

也逐渐失去了宗教性，开始向人世间的天的观念过渡，但仍未摆脱原始宗教观念的束缚。据此他概括周初的天道观时说：

> 此时此辈人之天道观，仍在宗教的范畴内，徒以人事知识之开展，故以极显著的理论色彩笼罩之，以为天人相应，上下一理，求天必先求己，欲知天命所归，必先知人心所归……此说有一必然之附旨，即天命无常是也。惟天命之无常，故人事之必修。此一天人论可称为“畏天威、重人事之天命无常论”[①]。

殷商时期，由于生产力水平所限，在意识形态领域占主导地位的依然是原始宗教，原始宗教的表现形态就是天命观。按照当时的说法，天是至高无上的主宰者，它支配着宇宙万物，无处不在，无所不能，人同其他动物一样，也要受天的支配。而到西周时期，虽已提出“敬天保民”、“以德配天”等思想，有了开展理性认识活动的意识，但还未突破原始宗教的束缚。因此，在傅斯年看来，西周的天命观既“畏天威”，又“重人事”，表现出一种过渡的特征。

（二）东周天命论

在傅斯年看来，西周全盛之时，王廷中潜伏着一种人，他们上承虞夏商殷文化之统，下启文化转变、思想发展之端绪。在王业赫赫之时，他们只是为王朝守文备献，增助文华，并无任何开新风气之作用。当王纲不振时，这些人的地位才渐渐提高。周朝灭亡后，他们走出王廷，散往各诸侯国发挥聪明才智，于是各种学说纷纷出现。[②] 其中，天命论便是他们讨论的一个大题目。

---

① 傅斯年：《性命古训辨证》，载欧阳哲生主编：《傅斯年全集》第 2 卷，湖南教育出版社 2003 年版，第 593～594 页。

② 参见傅斯年：《性命古训辨证》，载欧阳哲生主编：《傅斯年全集》第 2 卷，湖南教育出版社 2003 年版，第 597 页。

傅斯年认为，在各种学说异彩纷呈的东周，出现了五种天命论：

一是命定论。认为天命固定，不可改变。这源于民间迷信。

二是命正论。认为天眷无常，根据人的行事以降祸福。这是周人的正统思想，亦是人本思想的开端。

三是俟命论。承认上天福善祸恶，但认为天有时亦不按此规则行事。这是后来儒家思想的核心，这种思想流露出了非宗教的道德思想的趋势。

四是命运论。此说自命定论出而极富理性色彩，它源于民间迷信，到邹衍创立五德终始之论后，形成了复杂的系统。

五是非命论。此说自命正论出而更变本加厉，墨子即持此说。

东周时期，奴隶制社会逐渐解体。社会的剧烈变动，使人们的思维能力得到了极大的提高，也使西周时期以天为主宰核心的天命观受到了沉重的打击。与此相对应的是，人们对天的认识也迥异于前，更加丰富多彩。傅斯年对东周天命论的这种认识，对后人探讨东周时期的自然观、本体论、认识论与无神论思想，都具有重要的启发和借鉴意义。

(三)孔子天道观

对于孔子的天道观，学术界历来颇有分歧。比如，有的认为孔子继承并发展了传统的天命论思想，他讲的“天”同殷周时期一样，仍然是主宰自然与社会的人格神，而“天命”就是这种人格神的意志。孔子的作用就是将这些传统的东西系统化、精致化，使他们更加富有欺骗性；有的则认为孔子对传统的天命论进行了改造，他所讲的“天”虽然还很神秘，但已不是人格神上帝，也不同于传统的“主宰之天”，而是一种“命运之天”，是由“主宰之天”向“自然之天”过渡的一个环节。

傅斯年认为孔子对天的认识具有过渡转变的特征，但并未超越当时的时代局限。具体来讲，他认为：第一，孔子的天，指有意志，能决定人事成败、吉凶祸福的天，命定论的色彩颇为浓厚；第二，孔子的天道观，调和了命定论与命正论两种观点，结果是走向了俟命论，即所谓尽人事而听天命；第三，孔子谈天道，总是在若隐若现之间，持模棱两可的态度，并没有明确的态度。[①]

其实，孔子所处的时代是一个新旧交替的时代，当时动荡的社会现实使人们明白：一味迷信上天，只能兵败地削，国破家亡；只有正视现实，注重人事，才能富国强兵。在这种情况下，孔子的天命观，带有新旧两种特征的过渡阶段的特点。从这个意义上说，傅斯年的认识是正确的。

（四）墨子"天志"、"非命"论

在傅斯年看来，孔子心中的天具有过渡的转变的特征，而墨子心中的天则完全是"有意志有喜怒之人格化的上天"，不可与孔子的天同日而语。傅斯年认为，墨子对天的认识，在《天志》中表达得非常清楚：第一，认为天有志，天志为义，义自天出；第二，天兼有天下之人，故兼爱天下之人；第三，顺从上天意志，就会得到奖赏，而违反上天意志，则会受到惩罚；第四，以天为贵，以天为智。

傅斯年认为，墨子的天已经充分人格化和道德化，比儒家的天道观更富创造性。他总结说，"墨子之天，乃人格化道德化之极致"[②]，而"天志"、"非命"即成为"墨义系统中之主宰者"（天

① 参见傅斯年：《性命古训辨证》，载欧阳哲生主编：《傅斯年全集》第 2 卷，湖南教育出版社 2003 年版，第 615～617 页。

② 傅斯年：《性命古训辨证》，载欧阳哲生主编：《傅斯年全集》第 2 卷，湖南教育出版社 2003 年版，第 622 页。

志，指善天降祥，不善天降殃；“非命”，指命定论而言，以为祸福有前定而不可损益）。对墨子“天志、非命”的天道观，傅斯年亦有中肯的评价，“墨子之天道论固为周初以来（或不止于周初）正统天道论一脉中在东周时造成之极峰，其辞彩焕发，引喻明切，又为东周诸子所不及……然亦有其缺陷，易为人攻陷者，即彼之福善祸淫论在证据上有时不能自完其说”[①]，对墨子的天道观作出了较为客观的评价。

（五）孟子天道论

在傅斯年看来，孟子所言天命，与孔子一样，都是“际合成败有待于天命”[②]，命定论、命正论的色彩颇多，但也有区别。孟子有时将性、命二字联贯使用，视天命与人性为一事，“谓性中有命，命中有性，犹言天道人道一也，内外之辩妄也”[③]。这与张岱年认为孟子“所谓天，有究竟义理之意，是人事最高主宰，心性之本原”[④]，有异曲同工之妙。其实，孔、孟、墨之“天”，都含有主宰之义，但孔、孟与墨子又不同。孔子怀疑鬼神，其所谓“天”，似神而非神，非人格上帝而乃自然主宰；墨子的天，则是最尊的神；孟子的时代，宇宙论已经发生，但他直承孔子，不言宇宙。这些思想都从侧面表明了人们对自然界认识的逐步深化。

---

① 傅斯年：《性命古训辨证》，载欧阳哲生主编：《傅斯年全集》第 2 卷，湖南教育出版社 2003 年版，第 624 页。

② 傅斯年：《性命古训辨证》，载欧阳哲生主编：《傅斯年全集》第 2 卷，湖南教育出版社 2003 年版，第 626 页。

③ 傅斯年：《性命古训辨证》，载欧阳哲生主编：《傅斯年全集》第 2 卷，湖南教育出版社 2003 年版，第 633 页。

④ 张岱年：《中国哲学大纲》，中国社会科学出版社 1982 年版，第 91 页。

(六)荀子"以自然界事实为天"

荀子的天道观,与孔、墨、孟已不同。傅斯年认为,荀子的天道观开启了"战国诸子中积极人生观者最新派之天道论,已走尽全神论之道路,直入无神论"。他不像孔、墨、孟那样将天视为主宰,而"以自然界事实为天",从而对天的认识达到了一个全新的高度。

在中国哲学史上,人们关于天的认识可分为两个时期,即宇宙论发生以前和以后。在宇宙论发生以前,人们认为天为一切之最高主宰,孔、墨、孟莫不如此;宇宙论发生以后,人们渐渐将天视为自然之天,"老子宗天曰自然,庄子更归天于茫茫冥冥"①,否认天有最高主宰的意义,而将之与地相对来认识。而荀子则继承了春秋以来在天道观上取得的一切成果,特别是批判地吸取了以老庄为代表的道家的天道自然的思想,并在此基础上,把这种朴素的唯物主义无神论的自然观进一步明确化、系统化、完善化,剔除了儒家天道思想中的神秘成分,将天命观视为自然界中不以人的意志为转移的客观规律。

三、人性论

对于人性之注重,亦是中国哲学中的一个重大问题,也是中国哲学的特点之一。对于这个问题,傅斯年也有研究。

(一)周代"人之所以为人"

在奴隶制社会的殷商时代,原始宗教迷信占绝对的统治地

---

①　傅斯年:《性命古训辨证》,载欧阳哲生主编:《傅斯年全集》第 2 卷,湖南教育出版社 2003 年版,第 641 页。

位，天也被视作宇宙间一切事物的最高主宰，并无“人”的概念。后来，随着社会生产力的发展和人们认识水平的提高，人们对天产生了怀疑。到西周时期，一些比较有眼光而又面对社会现实的统治者及政治家，已开始注意到“人”的问题。傅斯年认为，周公“畏天、恤民、勤政、节俭”及“敬天保民”等思想的提出，实际上已开启了“人道主义之黎明”[①]的道路。到东周时期，人道主义已相当发达，“以为人之所以为人”已成为当时哲学家的共识。

此外，傅斯年也指出，西周与战国是两个完全不同的时代，介于二者之间的春秋，不管是天命观，还是人性论，都体现了这种过渡的、转变的特征：“春秋时代，神鬼天道犹颇为人事之主宰，而纯正的人道论亦崭然出头。人之生也，犹辨夷夏之种类，上下之差别，而斯民同类说亦勃然以兴。”[②]

（二）孔子人性论

中国历史上，第一个专门讲人性的是孔子。傅斯年认为：“孔子之言性与天道，一如其政治论之为过渡的，转变的。”[③]在孔子之前，人们认为人生来就因族类、等级不同而其性不同，“古者以为人生而异，族类不同而异，等差不同而异”[④]；孟子则提出人生来皆具善性，圣人善于扩充善性，后来才与常人不同。孔子

---

① 傅斯年：《性命古训辨证》，载欧阳哲生主编：《傅斯年全集》第 2 卷，湖南教育出版社 2003 年版，第 587 页。

② 傅斯年：《性命古训辨证》，载欧阳哲生主编：《傅斯年全集》第 2 卷，湖南教育出版社 2003 年版，第 613 页。

③ 傅斯年：《性命古训辨证》，载欧阳哲生主编：《傅斯年全集》第 2 卷，湖南教育出版社 2003 年版，第 614 页。

④ 傅斯年：《性命古训辨证》，载欧阳哲生主编：《傅斯年全集》第 2 卷，湖南教育出版社 2003 年版，第 617 页。

介于二者之间，一方面说人生来“性相近，习相远”；另一方面又说人有上智下愚之分，有生而知之与学而知之之差别。

孔子对人性论的认识，对后人影响极大。孟子的“性善论”、荀子的“性恶论”以及西汉时期荀悦的“性三品说”都根源于此。

(三)孟子性善论

傅斯年认为，后世虽都以孔、孟并重，但实际上，孟子在“性格，在言谈，在逻辑，皆非孔子之正传，且时与《论语》之义相背”①。孟子之时，墨学大兴，墨子言性恶；孟子与墨子相反，极力以善言性，于是“性善”、“性恶”遂成为以后人性论的主要争论点。在傅斯年看来，孟子“舍宗教而就伦理，罕言天志而侈言人性”；“孟子性善之说，以为仁义礼智皆出于内心，即皆生来之禀赋，故以性为善，其为恶者人为也”②。认为性中有仁、义、礼、智四端，这四端根本善，在性中已具其端，乃性所固有，非本来没有而勉强练成的。

(四)荀子性恶说

在傅斯年看来，荀子起于诸儒之间，为争儒学正统，乃援法入儒。从表面上看，孔、荀之性大不同，但实际上，荀子之性却“实为孔子之正传，盖孟子别走新路，荀子又返其本源也”。比如，“性相近，而习相远，此亦荀子所具言也”。③

荀子主性恶，认为“人之所以为善者，人工之力，历代圣人之

① 傅斯年:《性命古训辨证》,载欧阳哲生主编:《傅斯年全集》第2卷,湖南教育出版社2003年版,第627页。

② 傅斯年:《性命古训辨证》,载欧阳哲生主编:《傅斯年全集》第2卷,湖南教育出版社2003年版,第628页。

③ 傅斯年:《性命古训辨证》,载欧阳哲生主编:《傅斯年全集》第2卷,湖南教育出版社2003年版,第640页。

积累，以学问得之，以力行致之，若从其本生之自然，则但可趋于恶而不能趋于善也”[①]。可见，荀子认为人之性是好利多欲的，性中并无所谓的礼义，一切善的行为皆后天学习而成。这与孟子的性善说截然相反。其实，正如张岱年在《中国哲学史大纲》中所说，孟、荀之性，其内在的含义并不相同。孟子之性乃是人之所以为人的特质是仁、义、礼、智四端，他所注重的是“性须扩充”；荀子之性乃指生而完成的性质或行为，是说人生而完具的本能行为，所注重的是“性须改造”[②]。也正因如此，荀子在《劝学》中力言利用外物来改造自身，以使性更为完善。

（五）汉代性论

傅斯年认为，汉儒说性是以“善恶二元论”[③]为特点的。他指出董仲舒即有“善恶皆本于天”的说法，后来许慎《说文》、郑玄《毛诗笺》、《白虎通论》、《孝经》及王充《论衡》、荀悦《申鉴》等文中都“分性情为二元，以善归之于性，以恶归之于情”。这种“谓性有善恶犹天之有阴阳”的善恶二元论，乃“两汉一贯之大宗”[④]。刘向的“性情相应说”、扬雄的“善恶混说”、王充的“性三品说”、荀悦的“性情相应兼三品说”等亦是对性恶二元论的继承和批判。这样，傅斯年就把汉儒说性的特点表达得一目了然。

---

① 傅斯年：《性命古训辨证》，载欧阳哲生主编：《傅斯年全集》第2卷，湖南教育出版社2003年版，第636页。

② 张岱年：《中国哲学大纲》，中国社会科学出版社1982年版，第192页。

③ 傅斯年：《性命古训辨证》，载欧阳哲生主编：《傅斯年全集》第2卷，湖南教育出版社2003年版，第647页。

④ 傅斯年：《性命古训辨证》，载欧阳哲生主编：《傅斯年全集》第2卷，湖南教育出版社2003年版，第653页。

四、宋代理学

宋代理学是中国哲学的一个重要组成部分。对它的思想渊源，学术界一般认为有三个方面：一是儒家本身，以韩愈开启的辟佛卫道运动为代表；二是佛家，包括以禅宗为中介的佛家，因为在佛学各家中，禅宗在形成时期是有影响的，新儒家可谓禅宗合乎逻辑的发展；三是道教，道教有一个重要成分，就是阴阳家的宇宙发生论，新儒家的宇宙发生论主要是与这条思想路线有联系的。[①] 傅斯年在《性命古训辨证》中亦专有一节“理学之地位”，是专门探索理学渊源的。在傅斯年看来，宋学源流实自孟子，“有孟子，而后有《乐记》、《中庸》之内本论，有《乐记》、《中庸》之内本论，而后有李翱、有陆王、有二程，虽或青出于蓝，冰寒于水，其为一线上之发展则无疑也”[②]，从而对宋学的渊源提出了新的看法，给后人以深刻的启示。

五、清代学术

1919 年，大学还未毕业的傅斯年，就发表了《清代学问的门径书几种》一文，对其进行了研究。

在文中，傅斯年认为，“清朝一代的学问，只是宋明学问的反动，很像西洋 Renaissance 时代的学问，正对着中世的学问而

① 参见冯友兰：《中国哲学简史》，北京大学出版社 1985 年版，第 256 页。

② 傅斯年：《性命古训辨证》，载欧阳哲生主编：《傅斯年全集》第 2 卷，湖南教育出版社 2003 年版，第 656 页。

发”。所以他把清朝称为“中国的文艺复兴时代”。所谓清代学问,就是指这一时期的各种学术流派。在清代学术研究方面,傅斯年着重于对它的发展历史作了纵向考察。他认为,“清代学问是中国思想的最后产品。在汉朝以后,出产的各种学问中,算是最切实最有条理的”[①]。与此同时,他还分析了清代学问与宋代学问的诸多不同:

> 宋朝的学问,在周濂溪、程伯子手里,已经有许多不着边涯的说话,以后愈闹愈甚,直到明末,心学普遍天下,直弄得遍天下皆是自负的圣贤。所以清朝的学问恰是针锋相对的发出。有明朝的空洞心学,便有清儒的注重故训;有明末士流的虚伪浅妄气,便有清儒的实事求是;有明末的束书不读,便有清儒的繁琐学问;有明末的不讲治事,便有清儒的专讲实用(顾、颜、黄、李都如此)。宋明的学问是主观的,清代的学问是客观的;宋明的学问是演绎的,清代的学问是归纳的;宋明的学问是悟的,清代的学问是证的;宋明的学问是理想的,清代的学问是经验的;宋明的学问是独断的,清代的学问是怀疑的……清代的学问,很有点科学的意味,用的都是科学的方法。[②]

傅斯年对清代学问,特别是清代朴学是相当推崇的。后来,傅斯年的治史态度和方法在很大程度上也承袭了清代朴学的传统。我们阅读他的史学著作,考察他的治史实践便能明显地感

---

① 傅斯年:《清代学问的门径书几种》,载欧阳哲生主编:《傅斯年全集》第1卷,湖南教育出版社2003年版,第227页。

② 傅斯年:《清代学问的门径书几种》,载欧阳哲生主编:《傅斯年全集》第1卷,湖南教育出版社2003年版,第228页。

受到这一点。比如，在他的代表作《性命古训辨证》中，他就借鉴了考据学的方法，收集先秦到西汉一切有关“性”、“命”二字的字义进行分析考证，然后从二字的解释来推断孔、墨、荀、孟以及名法异同；在领导史语所发掘、收集、整理各种史料时，也主要采用了考据学的辨伪、训诂、考证、校勘等方法。

总之，傅斯年在对中国传统哲学的认识与改造上，有其独到之处。比如，他对先秦诸子研究时利用“哲学乃语言之副产品”的观点，对先秦诸子有了一些新的认识；在《性命古训辨证》中，他又用“以语言学的观点解决思想史中之问题”的方法，在古代天命观、人性论等问题上得出了不同于前人的观点。这种用新工具整理旧国学的指导思想，给后人启示颇大。赵纪彬的《论语新探》、张岱年的《中国哲学大纲》等学术名著，均沾其溉益。

第三章 傅斯年对史学的贡献

傅斯年对中国史学发展的贡献可以分为三个方面：一是提出了“史学只是史料学”的学术口号，致力于史学重建工作，开辟了中国史学发展的新局面；二是他本人在中国古史领域笔耕不辍，耕耘不已，提出了许多新颖的观点，促进了中国史学的发展；三是创办并领导史语所首开“集团研究”形式的学术研究道路，促使中国史学的发展走上了科学化、近代化的发展道路。

一、“史学只是史料学”

（一）实验主义史学的兴起

中国近代社会的剧烈变动引起了史学领域的巨大变化，尤其在历史观方面。“20世纪中国史学最显著的进步当是历史观的进步，即从古代历史思想的积极成果朴素的历史进化观点到近代进化论，从近代进化论到唯物史观。”[①]1902 年，梁启超的《新史学》发表，标志着历史观进化前一阶段的完成。然而，“新史学”在随后的发展中，却“出现了空疏、浮泛和忽视史料建设的弊病”[②]。为了纠正这一弊端，随着五四新文化运动的兴起、殷墟甲骨文的发现以及汉晋简牍、敦煌经卷、佛画等大批新史料的发现，实验主义史学又成为中国史学界的主流。

实验主义史学又称“实证主义史学”，其主要特点是“求真”。它非常重视史学研究方法的运用，着眼于史学基础工程的建设，并十分注意史料的鉴别和审定。在当时中国，实验主义史学大体上可分为三个流派：一是以顾颉刚为首的“古史辨”派。顾氏接受并发展了胡适的“存疑主义”和“历史的方法”，对中国古代的文献记载，进行了认真的审查和整理，树起了“古史辨”派的大旗，为中国史学的发展做出了显著的成绩。二是傅斯年领导的“史料建设学”派。他们以“求真”为主旨，努力用新工具开拓、发掘新史料，为中国史学的发展做出了突破性的贡献。三是以梁启超和何炳松为首的“历史研究法”派。他们侧重于史学理论和方法的创新[③]，在中国史学领域同样做出了杰出贡献。

傅斯年从中国传统的乾嘉考据学和西方以兰克为代表的实证主义史学中汲取营养，形成了以其为旗手的“史料建设学”派，高举“史学只是史料学”的大旗，形成了一个实力强大的学术中心，雄踞史坛多年，影响延及新中国成立后。

---

① 张书学：《中国现代史学思潮研究》，湖南教育出版社 1998 年版，第 17 页。

② 蒋俊：《中国史学近代化进程》，齐鲁书社 1995 年版，第 48 页。

③ 参见蒋俊：《中国史学近代化进程》，齐鲁书社 1995 年版，第 75 页。

(二)“史料建设学”派的主张

1928年,傅斯年写下了《历史语言研究所工作之旨趣》一文,其中说:“历史学不是著史:著史每多多少少带点古世中世的意味,且每取伦理家的手段,作文章家的本事。近代的历史学只是史料学,利用自然科学供给我们的一切工具,整理一切可逢着的材料。”①从而明确提出了“史学只是史料学”的主张。

傅斯年提出“史学只是史料学”的主张,根本目的在于“以自然科学看待语言历史之学”;把历史学建设成与“各自然科学同列之事业”;“把历史学和语言学建设得和生物学地质学同样”;“要科学的东方学之正统在中国”。可见,将史学建立在实证的、科学的基础上,是傅斯年“史学只是史料学”主张的基本出发点。傅斯年“史学只是史料学”的主张,其内涵可分为三个层次,即“史学的对象是史料”、“史学的进步有赖于史料的增加”、“史学的工作是整理史料”。

1.“史学的对象是史料”

在《史学方法导论》中,傅斯年指出:“史学的对象是史料,不是文词,不是伦理,不是神学,并且不是社会学。”②另外,他在《考古学的新方法》中也一再强调:“历史这个东西,不是抽象,不是空谈……历史的对象是史料,离开史料,也许成为很好的哲学

① 傅斯年:《历史语言研究所工作之旨趣》,载欧阳哲生主编:《傅斯年全集》第3卷,湖南教育出版社2003年版,第3页。

② 傅斯年:《史学方法导论》,载欧阳哲生主编:《傅斯年全集》第2卷,湖南教育出版社2003年版,第308页。

和文学，究其实与历史无关。”[①]从而明确了“史学的对象是史料”的认识。

2.“史学的进步有赖于史料的增加”

在傅斯年看来，史学的进步有赖于史料的增加。在《历史语言研究所工作之旨趣》一文中，傅斯年就已经指出：从司马迁到司马光，中国史学之所以不断进步，主要是因为他们能够使用各种材料，能做到地方上求材料，刻文上抄材料，档库中找材料，传说中辨材料；后来史学不再进步，则是由于史料没有扩充。因此，傅斯年提出：“凡能直接研究材料，便进步，凡间接的研究前人所研究或前人所创造之系统，而不繁丰细密的参照所包含的事实，便退步。”[②]因此，要利用自然科学提供的工具，“整理一切可逢着的材料”，要“上穷碧落下黄泉，动手动脚找东西”，通过寻找史料为史学发展开辟前进的道路。

3.“史学的工作是整理史料”

在《史学方法导论》一文中，傅斯年还指出：“史学的工作是整理史料，不是作艺术的建设，不是做疏通的事业，不是去扶持或推倒这个运动，或那个主义。”[③]至于如何整理史料，傅斯年在《历史语言研究所工作之旨趣》一文中也进行了概括，即让史料说话：“一分材料出一分货，十分材料出十分货，没有材料便不出

---

① 傅斯年：《考古学的新方法》，载欧阳哲生主编：《傅斯年全集》第 3 卷，湖南教育出版社 2003 年版，第 88 页。

② 傅斯年：《历史语言研究所工作之旨趣》，载欧阳哲生主编：《傅斯年全集》第 3 卷，湖南教育出版社 2003 年版，第 5 页。

③ 傅斯年：《史学方法导论》，载欧阳哲生主编：《傅斯年全集》第 2 卷，湖南教育出版社 2003 年版，第 308 页。

货”;“材料之内使他发见无疑,材料之外我们一点也不越过去说”。①

在傅斯年看来,整理史料的基本方法是比较的方法。他将王国维的二重证据法、陈寅恪的诗文证史法和胡适的“用比较的研究来帮助国学材料的整理与解释”的方法综合起来,进行了系统的阐释。他指出:“史学的方法是以科学的比较为手段,去处理不同的记载。”②具体表现为八种性质不同的史料互证对勘:一是直接史料对间接史料,二是官家记载对民间记载,三是本国的记载对外国的记载,四是近人的著述对远人的著述,五是经意的记载对不经意的记载,六是本事对旁涉,七是直说与隐喻,八是口说的史料对著文的史料。这八对十六类史料不仅扩大了史料的范围,而且以各对史料的互证对勘取互相释证之效,截长补短之工。这种思想即使在今天看来,也有很多值得借鉴的地方。

(三)抢救、整理史料

在史学实践上,傅斯年厉行于“史学只是史料学”的学术宗旨,着力于史料的发掘与扩充,极大地推动了中国史学的发展。

1. 抢救并整理明清大内档案

明清档案原为清代内阁大库所藏。其类别有三:一是明天启、崇祯两朝的案卷;二是清初旧档;三是顺治至光绪九代档案。这些档案文种繁多,内容丰富,涉及明清两代的内政、外交、军务、财政、水利、工业、贸易、工程、文教、法律、民族、宗教、天文、

---

① 傅斯年:《历史语言研究所工作之旨趣》,载欧阳哲生主编:《傅斯年全集》第3卷,湖南教育出版社2003年版,第10页。

② 傅斯年:《史学方法导论》,载欧阳哲生主编:《傅斯年全集》第2卷,湖南教育出版社2003年版,第309页。

地理等各个方面，是构成当时历史的极为宝贵的原始材料。但是，清朝灭亡后，这些档案却被北洋军阀随意糟蹋，无人管理。民国初年，教育部官僚借“整理”、“检查”之名进行盗窃，后又将之装入麻袋当作废纸以四千元大洋卖给造纸商人。后来，此事被学部参事罗振玉得知，他深知这批档案的价值，于是急速以原来价格的三倍将它们收回。但是，罗振玉也因为资金拮据，遂于1924年，又以16000元的价格卖给了著名收藏家李盛铎。李氏赁屋贮藏，但无力进行整理，加上租赁房屋潮湿漏雨，档案日益受损，因此，也很想将之处理。当时，日本、法国的一些所谓“汉学家”深知这批史料的珍贵价值，于是纷纷出重金求买。据说，李氏与日本人控制下的满洲铁路公司已订好了买约，但由于考古学家马衡的竭力阻拦，才使这批档案未流到国外。

1925年春，傅斯年从马衡的来信中得知这批档案的处境，极为焦虑。作为一个历史学家，他深知这批档案对明清史研究的重要性，而在当时的中国史学领域，明清史的研究恰是最为薄弱的环节之一，因为这两代官私记载的档案，或讳饰，或诬陷，不能反映历史真迹，因此研究明清史的人很少，具有权威性的著作则更少。而这批档案则是当时史实的最直接记载，若能加以整理利用，一定会使明清史的研究取得突破性进展。有鉴于此，傅斯年极力想将这批档案购置下来保存整理。当时，史语所刚刚成立，所址尚在广东，还不具备购置这批档案的财力和条件，但若拖延下来，不知又会落入何人手中。几经权衡，傅斯年决定向时任国民政府中央大学院院长的蔡元培求援。1928年9月，傅斯年致书蔡元培，述明此事原委，请蔡元培以大学院的名义将之买下，赠给即将成立的中央研究院，然后，由中央研究院责成由他领导的史语所进行整理。蔡元培接函后，考虑到史料的珍贵价值，准其所请。于是，傅斯年连夜派人与李盛铎接洽，最后以18000元的价格购回。至此，这批迭经劫难、散失严重的档案，才有了一个比较好的归宿，开始得到真正的保护和科学管理。

这些档案整理起来非常困难：一是数量太多。史语所将这批档案买到手时，虽已散失不少，但仍有7000多麻袋，重达12万斤。二是太乱。因几经倒手，已凌乱不堪。三是残缺、支离破碎。但是，面对这些困难，傅斯年并未退却，而是充分发挥了他能治事、善于用人的才能，为档案整理工作扫除了重重障碍。首先，他通过多次奔波，把这批档案放在了故宫的午门城楼，使之有了一个良好的储存之地；其次，他聘请了一大批专家、人才，组织起了一个学术素质极高的工作班子，对这批档案进行整理。1929年9月，以著名历史学家徐中舒为首的“明清史料编刊会”成立，会员有陈寅恪、朱希祖、陈垣等人，这几位都是史学造诣极深且精通史料学的名家，他们以渊博的知识和精湛的识辨能力，为整理这批档案提供了学术上的保证。之后，傅斯年又从全国各地招聘来一批有影响力的专家学者，投入到了对这批档案的整理工作中。

明清档案的整理，是当时学术界的一大盛事。这些档案整理出版后，学者们利用这些史料对明清史进行了研究，从而为明清史的研究奠定了坚实的史料基础，并开拓了广阔的研究前景。

2. 主持校勘《明实录》

傅斯年在领导史语所整理明清大内档案时，发现其中有明朝内阁进程的《熹宗实录》的散页。而当时北平图书馆红格本恰缺《熹宗实录》13卷。既然发现了这些散页，傅斯年就想从中找出缺卷，以修订北平图书馆红格本的脱漏及错字。因此，在整理明清档案的过程中，傅斯年又决定校勘《明实录》。为此，他搜求《明实录》的各种版本，并积极遴选人才，甚至亲自参加校勘，拟订刊行计划，可以说为校勘《明实录》付出了极大的心血。

当时，史语所只有一本朱丝阑精抄本的《明实录》，且缺失太多，仅存《成祖实录》2 卷。为了使校勘更全面、更精确，傅斯年多方洽谈，或购买，或商借，先后搜集到了《明实录》的 7 个版本。

1933 年，傅斯年聘请了其得意弟子李晋华为史语所助理员，具体负责《明实录》的校勘工作。后来，他又增聘那廉君、邓誉熙等为李晋华的助手，有力地保证了《明实录》校勘工作的顺利进行。但不幸的是，1937 年，李晋华逝世。为了使校勘工作继续进行，傅斯年又聘请了北京大学的高才生王崇武、吴相湘、姚家积等继续从事此项工作。

在傅斯年的亲自过问下，《明实录》的校勘工作进行得非常顺利，在 1938 年史语所迁往云南昆明前，已完成了全部的校勘工作。为了便于学人吸收利用其成果，傅斯年曾决定将其出版。但随着太平洋战争的爆发，越南为日军所占，之后，昆明亦受到威胁，史语所遂于 1940 年秋又迁往四川南溪李庄。此后，由于战事吃紧，经费难以筹集，《明实录》的出版计划最终未能实现。

在校勘《明实录》的过程中，傅斯年不仅以严肃认真的工作作风和卓越不凡的领导才能，保障了这一巨大工程的顺利进行，而且还亲自参加了具体的校勘工作。有资料说，《太祖实录》1～36 卷都是由他亲自校勘的。非常可惜的是，这些珍贵的学术成果已经流失，我们后人已经看不到了。

二、探研古史

傅斯年对中国史学的贡献不仅仅在于他提出的"史学只是史料学"的学术口号，他本人在中国古史领域亦勤奋耕耘，笔耕不辍，并多有创获。

（一）商族起源

在近代以前，人们以为商朝是起源于西方的。但到了近代，先有王国维著《说商》、《说亳》，认为商朝是起源于东方的民族，继之有徐中舒著文说商朝起于环渤海之地区，后由东向西发展之说。对于这个问题，傅斯年在《夷夏东西说》中提出了"商代发迹于东北渤海与古兖州是其建业之地"[①]的说法。为了证明自己的观点，他以《诗经·商颂》中的诗句、《山海经》中关于地望的记载及王国维对殷人先王的考证来加以证明。有关商族的起源，目前史学界尚有争议，傅斯年提出商族起源于东北乃一家之言，但他首创此说并提出不少有价值的论据，应该说对研究商族起源还是有重要意义的。

（二）周族起源与商周关系

关于周族起源问题，傅斯年在1925年给顾颉刚的信中，曾有表述："周之号称出于后稷，一如匈奴号之称出于夏氏。与其信周之先世曾窜于戎狄之间，毋宁谓周之先世本出于戎狄之间。姬、姜容或是一支之两系。特一在西，一在东耳。"[②]1930年，他

---

① 傅斯年：《夷夏东西说》，载欧阳哲生主编：《傅斯年全集》第3卷，湖南教育出版社2003年版，第182页。

② 傅斯年：《与顾颉刚论古史书》，载欧阳哲生主编：《傅斯年全集》第1卷，湖南教育出版社2003年版，第467页。

在《历史语言研究所集刊》上发表《姜原》一文，对于姜的世系、族系、地望等问题分别进行了研究。

傅斯年根据《诗经》、《左传》、《国语》等记载，认为姜乃四岳之后，分布于河南西部，乃戎姓之部落。其中有些族姓于周初受封，列为诸侯；有些进化较慢，仍称“西戎”。古代姜、羌本是一字，《后汉书》中的“羌只本出自三苗，姜姓之别也”即是例证。从《诗经》中的“厥初生民，是为姜原”和“赫赫姜原，其德不回”等诗句来看，姬姓的周族人用的是姜姓的神话，因此，可以推之“姬周当是姜姓的一个支族，或者是一更大之族之两支”①。1930 年，傅斯年在为董作宾的《新获卜辞写本后记》写的跋中，再次强调了周族起源西戎说。

对商朝和周朝的关系，傅斯年并不同意时人所谓的周朝比商朝更为进步的认识。他依据“凡是一个野蛮民族，一经感觉到某种文化高明，他们奔赶的力量，远比原有这文化的人猛得多”②的观点，认为周人将商人的祖先认作自己的祖先；周人的上帝是从商人那里借去的，所以周灭商，并非因为周人比商人先进，也不是文明取代野蛮，而是周人吸取了商人先进的文化。

（三）班爵制度

傅斯年对商周时期的班爵制度也曾作过专门的研究，并撰有《论所谓五等爵》一文。在文中，他认为《周礼》上说的“五等爵”制与《尚书》、《诗经》、金文中所说不符，用其他典籍推论亦不

① 傅斯年：《姜原》，载欧阳哲生主编：《傅斯年全集》第 3 卷，湖南教育出版社 2003 年版，第 47～48 页。

② 傅斯年：《〈新获卜辞体写本后记〉跋》，载欧阳哲生主编：《傅斯年全集》第 3 卷，湖南教育出版社 2003 年版，第 135 页。

通。他根据顾栋高之《春秋大事表》,参考金文资料,对周代侯国的爵名、地望进行了全面统计,并得出了结论:称公者除王室卿士外,只有宋国;侯、伯以姬姓为多;称子者非蛮夷戎狄,即奉前代之祀者,姬姓甚少;男实乃诸侯之附庸。

傅斯年对班爵制度的分析,如同他在《性命古训辨证》中一样,从字义入手。他说,公与兄、君、尹、昆、翁、官、哥皆似一名之分化,乃当时一泛称,并非班爵之号。宋国称"公",是因为其不在诸侯之列,既不能称"侯",也不能称"王"。侯乃射侯之义。伯乃长义,为泛名,不是爵制。子、男之义甚确,皆附庸隶属之义。子对伯而言,男对侯而言。总之,他认为公侯子男都是家族内部所用的称号,初并不指官爵,也不指班列;侯是对武士的称谓。这两类名称都是宗法制度下的产物。在宗法制度下,"制则家族,政则戎事,官属犹且世及,何况邦君"?而"周室与诸国之关系,非同族则姻戚,非姻戚则'夷敌'。盖家族伦理即政治伦理,家族称谓即政治称谓"①。到了战国时期,宗法之制与国家政治开始分开,但后来的学者并不明白此事,就用班爵说解释上述称谓,遂有《周礼》关于"五等爵"的说法。

商周时期是否存在班爵制度,学术界尚有争议。这些认识,无疑为对这一问题的研究提供了新的参考和借鉴。

(四)周初分封

关于周朝初年的分封,傅斯年甚不同意《诗经》中的"小东大东,杼轴其空"和"小也大也,谓赋敛之多少也。小亦于东,大亦

① 傅斯年:《论所谓五等爵》,载欧阳哲生主编:《傅斯年全集》第3卷,湖南教育出版社2003年版,第44页。

于东；言之其政偏，失砥矢之道也”的说法。他认为大东小东是地理名称，《诗经》中的“奄有龟蒙，遂荒大东”的说法，已指明大东之所在，即泰山以南、以东的地方；小东则是指今河南、山东交界处的范县、濮阳一带，即秦汉以来的东郡。

傅斯年认为《诗经》、《尚书》中所记周朝的功业，乃周太王至宣王数百年经营的结果，后人误认为宣王以后的齐、鲁、燕之地就是周初的封国，实在不妥。他对周朝初年东方的封国作了研究，认为鲁、齐、燕初封时都在周朝的东南，“鲁之至曲阜，燕之至蓟丘，齐之至营丘，皆后来事也”[①]。这种看法，与目前学术界的认识基本上是一致的。

（五）周朝礼仪

在《周东封与殷移民》中，傅斯年对时人颇为疑惑的古代服三年之丧和“先进于礼乐，野人也；后进于礼乐，君子也”等礼仪问题进行了研究。

《论语·阳货》：“子曰：服三年之丧，天下之通丧也。”

《孟子·滕文公上》：“孟子曰：三年之丧……自天子达于庶人，三代共之……（滕）父兄百官皆不欲也，故曰：吾宗国鲁先君莫之行，吾先君亦莫之行也。”

在这里，孔子说，服三年之丧乃天下之通丧。滕国的卿大夫却说，“吾宗国鲁先君”、“吾先君”皆款行，这是互相矛盾的。而且，《论语·先进》里说：“先进于礼乐，野人也；后进于礼乐，君子也。”这又如何解释？对于这些问题，历朝历代有许多学者力图

---

① 傅斯年：《大东小东说——兼论鲁燕齐初封在成周东南后乃东迁》，载欧阳哲生主编：《傅斯年全集》第3卷，湖南教育出版社2003年版，第55页。

作出解释，但都难以自圆其说。

对于这些问题，傅斯年也进行了研究。他在《周东封与殷移民》一文中写道："孔子之天下，大约即是齐鲁宋卫，不能甚大，可以'登大山而小天下'为证。"[1]当时周虽统治中国，但百姓多为殷商遗民。在这种情况之下，上层的统治阶级均用周礼，而一般的普通百姓却仍用殷礼。这就造成了一个结果：殷虽已灭亡，但在其后七百年的时间里，上面的统治阶级与下面的人民的习俗是不一样的。由于绝大多数老百姓是殷民，而三年之丧是殷民的制度，孔子又自称殷人，所以孔子以为三年之丧为天下通丧并没有错。鲁国大夫所说的也没有错，因为滕国是文王的子孙，鲁国是周公的子孙，都是周的宗亲，所以与普通百姓不同。"先进于礼乐，野人也；后进于礼乐，君子也"的意思是指开化早的文明人，是当时所谓的住在城外的"野人"(殷人)；开化晚的人，则是住在国里的"君子"(统治阶级)。这些认识，被胡适认为是把这些问题解释得最清楚的，"二千多年来，孟真还是第一个人"[2]。

(六)东北史研究

"九一八"事变后，日本为了达到长期霸占东北三省的阴谋，大肆鼓吹"满蒙在历史上非支那领土"这一谬论。为了揭露日本的狼子野心，唤起中国人民的觉悟，傅斯年决定邀请方壮猷、徐中舒、萧一山、蒋廷黻等人，撰写《东北史纲》。在此过程中，他本人承担了东北史的上古至隋朝部分。他奋笔疾书，仅几个月便

---

① 傅斯年：《周东封与殷移民》，载欧阳哲生主编：《傅斯年全集》第3卷，湖南教育出版社2003年版，第243页。

② 胡适：《傅孟真先生的思想》，载王为松主编：《傅斯年印象》，学林出版社1997年版，第83页。

将书稿写出并于1932年10月出版。

傅斯年承担的上古至隋朝部分是《东北史纲》的第1卷，标题是“古代之东北”，主要论述了上古至隋朝以前东北地区的民族分布、民族迁徙演变、区域关系、地理沿革等内容，共分五章。其中，第一章论述了东北在远古即是中国的一部分。在此，他使用了民族学和考古学的新方法，使论证新颖，令人耳目一新。第二章讲述了燕、秦、汉时东北各民族与内地的交往情况。第三章讨论了西汉至魏晋时期内地政权在东北地区所设的郡县。另外，傅斯年还编制了一个十分详细的“东北诸郡县沿革表”。第四章讲述了汉晋时期发生在东北地区的几件大事。

在文中，基于强烈的民族观念和爱国情感，傅斯年特别强调了东北自古即为中国领土的观点。他在卷首的“引语”中写道：

> 就历史以论，渤海三面皆是中土文化发祥地，辽东一带，永为中国之郡县，白山黑水久为中国之藩封，永乐奠定东北，直括今俄领东海滨阿穆尔省，满洲本大明之臣仆，原在职贡之域，亦即属国之人；就此二三千年之历史看，东北之为中国，与江苏或福建之为中国又无二致也。①

需要指出的是，由于时间仓促，《东北史纲》在史料运用、考证等细节方面存在一些缺陷，也正因如此，该著作出版后曾受到很多批评。对此，傅斯年也曾打算进行修改完善，但终因工作繁忙，未果。尽管如此，《东北史纲》的价值还是得到了后人的肯定。傅斯年的学生陈槃评价这本著作时，就曾说：“这部运用民

---

①　傅斯年：《东北史纲》，载欧阳哲生主编：《傅斯年全集》第2卷，湖南教育出版社2003年版，第375页。

族学、语言学的眼光和旧籍的史地知识，来证明东北原是我们中国的郡县，我们的文化种族和这一块地方有着不可分离的关系。这种史学方法和史实，是最现代的、科学的。”[①]傅斯年的同事劳干也说：“《东北史纲》一书，除去对于古代民族的演变有一个正确的整理之外，并对于东北一地对中国有深切的关系，尤其有一个精详的阐发。”[②]

（七）秦汉史研究

傅斯年对秦汉史也颇有研究。他曾在北大开设“秦汉史”课，但遗憾的是，讲义未能保存下来。他的学术论著，讨论秦汉思想的内容也很多，前已有论述，在此不再详述。1942 年 10 月，他曾在给吴景超写的三封信中，阐述了对西汉政治制度的看法。另外，在台湾傅斯年的档案中，有一份名为《赤符论》的文化史通论的写作提纲，共列有 30 个题目。其中，泛论 3 篇；旨论 20 篇，讨论秦汉时期的政治、社会、文化、人物等问题；枝论 4 篇，讨论文学、艺术等方面的问题；辅论 7 篇，讨论南北朝至清代的哲学、宗教及文化等问题。由此可见，傅斯年对秦汉史肯定有深入的研究，只是由于业务繁忙，无暇专攻于此，留下的文字不多而已。[③]

（八）明清史研究

傅斯年对明清史的研究也有很深的造诣，主要表现为：一是

---

① 陈槃：《怀念故恩师傅孟真先生有述》，载朱传誉主编：《傅孟真传记资料》（三），（台北）天一出版社 1981 年版，第 33 页。

② 劳干：《傅孟真先生与近二十年历史学的发展》，载《傅孟真传记资料》（一），台湾天一出版社 1979 年版，第 183～184 页。

③ 参见李泉：《傅斯年学术思想评传》，北京图书馆出版社 2000 年版，第 181 页。

如前所述，主持校勘了《明实录》；二是在整理校勘《明实录》的过程中，掌握了丰富的资料，引发了对明史的兴趣，写成了《明成祖生母记疑》、《跋〈明成祖生母问题汇征〉并答朱希祖先生》等文。此外，在清史研究方面，他从哲学史的角度写下了《清代学问的门径书几种》等文。

明成祖的生母问题，涉及明初的封藩制度、军事斗争、社会习俗、民族关系等问题，不少史学家都对此作过探讨。1932 年，傅斯年根据他的研究，写成《明成祖生母记疑》一文。在文中，他提出了一个新的观点：成祖为高丽贡氏所生。该文发表后，当时的历史学家朱希祖不同意这一观点。他根据正史及《皇明玉蝶》等史料，写成了《明成祖生母记疑辨》，认为成祖生母为孝慈皇后马氏，非高丽贡氏。傅斯年在看到这篇文章后，认为此文不足以驳倒自己的观点。于是在 1936 年，他和李晋华将搜集到的有关成祖生母问题的资料整理汇成《明成祖生母问题汇征》，并写了跋回答朱希祖。在跋中，傅斯年把朱氏所据《皇明玉蝶》与他自己所据《南京太常寺志》的记载作了对比研究，又进一步梳理了《明史・黄子澄传》中所透露的信息，分析了成祖非高氏所生。

傅斯年关于成祖生母问题的论证，得到了时人的赞同。对明史造诣颇深的李晋华曾多次撰文对傅斯年的观点进行阐发，使之更加严密。明史专家吴晗亦发表《明成祖生母》一文，对傅斯年的观点表示同意。新中国成立后，许多学者以唯物史观为指导，对这一问题继续进行探讨，得出的结论与傅斯年基本一致。这说明傅斯年对这一问题的研究是独具慧眼的。

此外，傅斯年对明太祖朱元璋、明代后妃的教育、储嗣文化标准等问题也进行过探讨。他收集了不少有关朱元璋的材料，并拟写一部关于朱元璋的传记,但由于种种原因,未能写成。

(九)《史记》研究

傅斯年曾为学生开设"《史记》研究"课程,并有五篇讲稿传世。他十分注意对《史记》的研究,认为凡治古史者,都应认真研读《史记》。至于研究《史记》的意义,傅斯年认为有四点:第一,《史记》是读古书治古学的门径;第二,《史记》研究可以为治古书之训练;第三,司马迁既有大综合力,以整齐异说,又有独到的见解,文词星历,综于一人,值得后人研究;第四,《史记》内容多,可以从中学到不少知识。与此同时,傅斯年亦指出了研究《史记》的困难:第一,《史记》在司马迁生前未成定本,后人有所增删,"现在竟成古籍中最紊乱者"[①];第二,《史记》所引之书,现在都有问题,只有互相补正,才能寻出头绪;第三,整理《史记》,需用许多专门知识,一人办不到。此外,傅斯年认为司马迁对史学的贡献有三点:一是"整齐殊国纪年";二是写作八书,将文化史纳入史学中;三是"疑疑亦信",这种求真求实的态度颇值得后人学习。

(十)以经证史

除了对《史记》进行过研究,傅斯年还对《尚书》、《诗经》(文学部分后面详细论)、《易》、《春秋》、《礼记》等群经进行过研究。他对古籍的研究,主要解决的问题是判断经书的成书年代、来源,纠正前人的误解,重新审定史料的价值。

《周易》:通过研究,傅斯年认为《周易》和孔子没有关系,和

---

① 傅斯年:《〈史记〉研究》,载欧阳哲生主编:《傅斯年全集》第2卷,湖南教育出版社2003年版,第356页。

儒家也没有关系。《论语》上只有一处提到“易”，即“加我数年，五十以学易，可以无大过矣”。但是这里的“易”在鲁论里是“亦”字，并非《易经》的“易”。因此，傅斯年认为，《论语》中对《易》一字未提。孔子喜《易》，韦编三绝之说最早见于《史记》，不可信。《孟子》、《荀子》都不引《周易》。《周易》为卜筮之书，而孔子连祈祷都不作，更不用说卜筮了。另外，傅斯年还说，《史记·儒林列传》中也谈到了孔子与《诗》、《书》、《礼》、《乐》、《春秋》五经的关系，而并没有谈到《周易》。因此，他认为《周易》本齐地阴阳家之学，与儒学本不相干，只是到了战国晚期，随着儒生术士合流，《周易》才与儒家攀上了亲。

《春秋》：傅斯年认为孔子和《春秋》的关系不易说清，既不好说《春秋》是孔子所作，也不好说《春秋》与孔子没有关系。就孔子所处的时代来看，孔子订《春秋》也不见得不是事实。即使《春秋》不经孔子之手，恐怕也是孔子以后不久产生的，其思想渊源来自孔子。因此，傅斯年认为，有人说孔子作《春秋》，或者说孔子的后学作《春秋》，这在道理上是一样的。

《礼记》：傅斯年在《中国古代文学史讲义》中对《礼记》部分篇章的成书年代作了推测和考证。他认为《檀工》是《礼记》中最早的篇章，“里面找不到一点秦汉的痕迹来”，大约写成于孔门七十弟子之后、荀子之前，里面保存了许多关于战国儒家的史料。《曲礼》中的材料大部分是先秦的，或者在春秋战国之交，史料价值意义甚大，但有的地方混入了秦汉间方士的言论。《礼记》大约成书于汉初，如《王制》、《月令》、《文王世子》、《礼运》、《乐记》等。[①]

三、创办史语所，首开“集团研究”形式的学术中心

近代以来，随着中国史学的发展，“集团研究”形式的学术中心的建立已势在必行。因为不仅考古发掘、语言调查等工作需要严密的组织、集体的努力和雄厚的资金来保证，即使是史料的收藏与整理，亦非个人所能承担。明清大内档案的整理即是一明显的例子。这部分档案卖出后，虽先后有罗振玉、李盛铎等人买回收藏，但存放困难的问题却无法解决，李盛铎甚至连档案库房的租金都无力支付。史语所收购到这批档案后，组织人力，集中整理，很快就有了成果。此中的对比可谓大矣！

傅斯年十分重视“集团研究”。在他看来，仅仅依靠个人的孤立研究，已经难以胜任科学的、系统的学术研究了，研究的方式必须从个人的孤立研究转变为有组织的集体研究。他说：“历史学和语言学发展到现在，已经不容易由个人作孤立的研究了，他既靠图书馆或学会供给他材料，靠团体为他寻材料，并且须得在一个研究的环境中，才能大家互相补其所不能，互相引会，互相订正，于是乎孤立的制作渐渐的难，渐渐的无意谓，集众的工作渐渐地成一切工作的样式了。”[②]他创办史语所，就是为这种

① 参见李泉：《傅斯年学术思想评传》，北京图书馆出版社 2000 年版，第 201～204 页。

② 傅斯年：《历史语言研究所工作之旨趣》，载欧阳哲生主编：《傅斯年全集》第 3 卷，湖南教育出版社 2003 年版，第 11～12 页。

"集团研究"提供一个合适可行的组织方式，以使史学家在一个集体的研究环境中，各展其能，胜任较大规模的科研项目。

傅斯年以"科学的东方学之正统在中国"的雄心，领导史语所二十多年，延揽了一批第一流的人才。史语所成立时，他尽揽了当时学界名流，如陈垣、顾颉刚、徐中舒、董作宾、赵元任等人，培养了一批有潜力的青年学者，并给他们提供了丰富的图书资料和宽松的学术环境，使他们不必为经费和资料问题发愁，也不必为生计奔波。正因如此，即使在动乱的年代，这些人仍然能够安心学术研究，并取得了高质量的成果。严耕望后来就曾回忆说："至今想来，我之能有今天这一点成就，一大半当归功于史语所的优良环境——图书丰富，工作自由，并且生活安定。一个研究工作者，在这样环境中，只要内心能把持的住，不怕坐冷板凳，不为外物所牵，不为权位名利所役，加以头脑稍稍灵活一点，他之能有相当成就，是绝对可以预期的。"[①]史语所虽人数不多，又先后多次迁移，仍能刊书 76 种，发表论文 500 多篇，不能不归功于"集团研究"形式的创立和傅斯年的得力组织。

傅斯年创办和领导的史语所，运用"集团研究"形式，不仅在史学研究上取得一系列重大成果，培养和造就了一大批贯彻和传播其治史旨趣的史学大家，形成中国近代史学发展过程中颇具影响力的"史料建设学"派，而且更为重要的是，他所开创的这种"集团研究"的史学机构和组织方式，对于中国史学的近代化进程具有重要的意义。这种"集团研究"，是中国史学研究走上

---

① 严耕望：《我对傅孟真先生的感念》，载朱传誉主编：《傅孟真传记资料》(三)，(台湾)天一出版社 1981 年版，第 112～113 页。

科学化、近代化的标志之一。因为“集团研究”有利于史学研究人才集中,资料集中,研究旨趣统一,不再是政教的附庸,或贵族之余兴。西方史学的近代化,就是从摆脱教会对学术的控制,大学和研究机构的兴起而开始的。中国受西方的影响,虽在1905年设立京师大学堂,但在蔡元培改革以前,尚不是一纯粹学术与教育性的大学院。即使在改革以后,教育功能虽已确立,但学问专精与学科之独立,还是未能建立。史语所成立之前,北京大学国文门、清华大学研究院也曾集合了一些学者进行新资料的整理、研究工作,但仍因其宗旨不明确、组织不严密,没有发挥集体研究的优势。因此,从这个意义上来讲,史语所是中国历史上第一个真正具有近代意义的、进行“集团研究”的专业史学研究机构。它的成立可以看作中国史学研究走向科学化、近代化的标志。①

① 参见张书学:《傅斯年与中国现代史学的科学化》,载《东岳论丛》1997年第6期。

第四章　傅斯年与考古学

中国考古学起源甚早,"北宋以来的金石学是中国考古学的前身"①,不过,直到19世纪末,传统的金石学仍占主要地位。20世纪以来,随着新史料的陆续发现和西方考古学思想的陆续传入,中国传统意义上的考古学开始向近代转变。史语所设立的考古组自1928年成立后开展的一系列考古发掘活动,对考古学的这种转变起到了至关重要的推动作用,而作为史语所所长的傅斯年在此过程中的作用尤为重要。

一、中国近代考古学的诞生

(一)近代国人对考古学的认识

中国近代考古学的建立有赖于两个条件:一是传统金石学

① 夏鼐、王仲殊:《考古学》,载《中国大百科全书·考古学》,中国大百科全书出版社1986年版,第1页。

的发达，二是近代国人对西方考古学理论和方法的认识。

1. 传统金石学的发达

我国的金石学研究自宋代形成，历经元、明的中衰，到清初，由于清廷的大力提倡，又逐渐繁荣兴盛起来。这一时期，出现了一批著名的金石学家，出版了不少有价值的金石著录，为中国的考古学研究，提供了大批珍贵的史料。

19 世纪末 20 世纪初，由于殷墟甲骨文、汉晋简牍、敦煌经卷和佛画的大批发现，金石学的研究范围大大扩大。这些新出土的文化艺术珍品，是以往金石学家没有、也不可能涉及的全新史料。所以在这一时期，不少金石学家将注意力转向了这些新史料。此后，随着新史料的陆续发现，甲骨学、简牍学、敦煌学的研究高潮迭起，给传统的金石学研究注入了新的活力，从而使传统的金石学发展成为“广义的金石学”——古器物学。

五四新文化运动之后，“科学”和“民主”思潮逐渐深入人心，也使人们对中国古史的看法发生了根本的改变，特别是“古史辨”派的疑古思想，对中国传统社会安身立命的儒家“经典”和两千多年建立起来的“古史系统”，进行了一次系统、彻底的清算，原来被人们顶礼膜拜的神农、黄帝、尧、舜、禹等被彻底推翻了。这种现实迫切需要进行中国古史的重建工作，这就为中国近代考古学的诞生准备了条件。①

2. 近代国人对西方考古学的认识

在近代中国，最早介绍西方考古学思想并明确提出将地下

---

① 参见张岂之:《中国近代史学学术史》，中国社会科学出版社 1996 年版，第 374～446 页。

考古发掘与历史研究相结合的，首推章太炎。1900年，他在所著的《中国通史略例》中写道："今日治史，不专赖域中典籍，凡黄古异文，种界实迹，见于洪积石层，足以补旧史所不逮者。"[①]1905年，国粹派代表人物黄节在《国粹学报》上发表《黄史·总叙》，其中也讲道："近世西方科学发明，种界实迹，往往发现于洪积石层者，足补旧史所不逮。"[②]这就说明，国人已经认识到：历史研究不能仅限于过去旧有的文献资料，地下发掘出来的各种实物，也可以用于历史研究，以补旧史不足。

在戊戌维新运动中开风气之先的梁启超则将考古学成果直接用于对中国历史的研究。1901年，梁启超开始提倡"新史学"，他猛烈抨击中国传统史学的研究方法，并拟写一部新的中国通史。他在后来的《中国史叙论》一书中，就专门设有"有史以前之时代"一章，介绍了当时在欧洲已臻于成熟的考古学理论——汤姆森的三期说。在里面，他全面介绍了西方考古学的新概念，并注意到了田野发掘的作用，被认为在当时的中国"确实是一种十分进步的思想"[③]。

西方考古学思想的陆续传入，使中国的一些金石学家和古器物学家对西方先进的考古学方法及其成果，开始有所了解和认识，并将之运用到对中国的学术研究中。他们或在研究中将文献与考古资料相结合，或直接参加田野考古的实践，到书斋以

① 章炳麟：《旭书·初刻本·重订本》，三联书店1998年版，第334页。

② 转引自俞旦初：《二十世纪初西方考古思想在中国的介绍和影响》，载《考古与文物》1983年第2期。

③ 沈颂金：《梁氏父子与中国近代考古学的建立》，载《山西师大学报》（社科版）2000年第2期。

外寻求新材料，从而使他们的研究别开生面，不再泥古，同时也为中国近代考古学的形成与发展，做出了杰出贡献。

（二）外国对中国文物的掠夺

近代以来，随着外国侵略的逐步深入，西方学者亦打着寻找中国文化源头的幌子，纷纷组成探险队或考察队来到中国进行考古和文物掠夺活动。在当时，“地质调查所所倡导的地质学与古生物学，协和医学校进行的体质人类学，以及以北平为活动中心的外国学术团体所遣送的各种科学工作远征队，皆是坚强的组织；气势极盛，愈来愈猛。主持这些事业的，除地质调查所外，都是外国的科学团体。这些外国人，挟其丰富的物质配备以及纯熟的科学技巧，不但把中国境内的自然科学资料一部分一部分的搜集走了！连历史的、考古的、美术的、以及一般人类学的资料也引起了他们的绝大的兴趣”[①]。外国人对中国文物的掠夺，强烈地刺激了国人的民族自尊心，“我们着实不满这个状态，着实不服气，就是物质的原料以外，即便学问的原料，也被欧州人搬了去乃至偷了去”[②]。傅斯年之所以在史语所设立考古组，这是很大的因素。

（三）史语所考古组的成立

1928年6月，蔡元培在沪召开中央研究院第一次院务会议，宣告中央研究院正式成立。与此同时，傅斯年领导的史语所

---

① 李济：《傅孟真先生领导的历史语言研究所》，载王为松主编：《傅斯年印象》，学林出版社1997年版，第101页。

② 傅斯年：《历史语言研究所工作之旨趣》，载欧阳哲生主编：《傅斯年全集》第3卷，湖南教育出版社2003年版，第8页。

筹备工作也在紧张的进行着，并于同年 10 月在广州正式成立。史语所成立伊始，即设有史料征集、汉语、文籍、考订、民间文艺、汉字、考古、人类学、民物学、敦煌材料等八组。后于 1929 年 6 月经所务会议决定，将原来的八组并为三组：历史、语言、考古。其中，考古组由留美归来的人类学博士李济任主任，业务范围是考古学、人类学及民物学等。至此，我国历史上出现了第一个专门的考古学研究机构。考古组在成立后，随着对安阳殷墟进行的 15 次发掘活动及对城子崖等遗址的发掘活动，有力地促进了中国近代考古学的诞生。

二、傅斯年与考古组

傅斯年对史语所考古组工作的领导可分为两个方面：一为对其工作的统筹规划；二为对其活动的支持。

（一）统筹规划

傅斯年在《历史语言研究所工作之旨趣》中，对考古工作即作了规划：

> 我们最要注意的是求新材料，第一步想沿京汉路，安阳至易州，安阳殷墟以前盗出之物并非彻底发掘，易州、邯郸又是燕赵古都，这一代又是卫邺故域。这些地方我们即颇知其富有，又容易达到目的，现在已着手调查及布置，河南军事少静止，便结队前去。第二步是洛阳一带，将来一步一步的西去，到中央亚西亚各地，就脱了纯中国材料之范围了。为这一些工作及随时搜集之方便，我们想在洛阳或西

安、敦煌或吐鲁蕃、疏勒，设几个工作站。①

此外，傅斯年在《国立中央研究院十七年度报告》中也指出：

安阳之殷故墟，于三十年前出现所谓龟甲文字者；此种材料，至海宁王国维先生手中，成极重大之发明。但古学知识，不仅在于文字；无文字之器物，亦是研究要件；地下情形之知识，乃是近代考古学所最要求者。若仅为取得文字而从事发掘，所得者一，所损者千矣。②

这成为史语所考古工作所依据的基本观念。随着工作计划的确定，史语所考古工作也随之开展起来。

（二）工作支持

傅斯年对考古组工作的支持是多方面的，无论是人才的培养、资金的筹措，还是解决考古过程中出现的纠纷、组织考古团体等，他都倾注了大量的心血，付出了艰辛的劳动。

1. 人才培养

傅斯年爱才、重才，亦善于用才。他聘请选拔考古学方面的人才，给他们提供良好的工作环境，使之充分发挥聪明才智。最有名的例子是他对史语所考古组主任李济的聘任。

李济任史语所考古组主任之前，正在外国考古团体里主持对中国的田野考古工作。史语所成立后，傅斯年即电邀李济担任史语所考古组主任。对此，李济非常犹豫："当时从事考古不

① 傅斯年：《历史语言研究所工作之旨趣》，载欧阳哲生主编：《傅斯年全集》第3卷，湖南教育出版社2003年版，第10～11页。

② 王云：《领导组织殷墟发掘》，载聊城师范学院历史系、聊城地区政协工委、山东省政协文史委员会合编：《傅斯年》，山东人民出版社1991年版，第104～105页。

是一件很容易的事情，因为我已经尝过那种味道，地方上的势力，古董商的势力，政治上、社会上一切的势力，都不容易公开地从事发掘，所谓掘人祖先庐墓的工作，这种事情并不简单。”[①]但是，在傅斯年的劝说下，他最终接受了这一安排。此后，他一直在史语所工作到去世。李济成为著名的考古学家，自有他本人的努力，傅斯年的功劳也不可抹杀。正如李济本人所言：“在学术上，傅先生可以说是给我一个很好的待遇。”“我个人认为，若不是傅先生提倡考古，我的考古工作也许就中断了，我所以终身安心从事考古的工作，的确是因为碰到了这位又是朋友，也可以说是我的前辈，也是我的上司，这是我认为我最幸运的一件事。”[②]

对李济如此，对其他考古人才，傅斯年亦是爱惜有加。当时先后主持考古发掘工作的有董作宾、李济、梁思永、郭宝钧、石璋如等人，在对殷墟遗址的发掘过程中，先后参加的有董作宾、李济、郭宝钧、梁思永、吴金鼎、刘光耀（尹达）、石璋如、尹焕章、胡厚宣、夏鼐，等等，他们后来都成为国内外著名的考古学家。这些人除对安阳殷墟进行发掘外，对其他遗址也进行了不少卓有成效的发掘与研究工作。其中不少人直到新中国成立后，还奋战在考古发掘和研究工作的第一线。此外，不少经这些人指导的年轻学子，也成为当今中国卓有成就的考古学家。可以毫不夸张地说，史语所培养出的大批考古人才，不仅为中华民族培养

---

① 李济：《创办史语所与支持安阳考古工作的贡献》，载王为松主编：《傅斯年印象》，学林出版社 1997 年版，第 96 页。

② 李济：《创办史语所与支持安阳考古工作的贡献》，载王为松主编：《傅斯年印象》，学林出版社 1997 年版，第 97、99 页。

了一代又一代的考古学家，而且为中国考古学的发展做出了重大贡献。

2. 资金筹措

在20世纪二三十年代的战乱年代里，由于内忧外患，政局动荡，学术研究不受重视，考古经费极度匮乏。对此傅斯年竭尽全力，千方百计予以筹措。

由于受经费所限，殷墟发掘前几次的规模都很小。"为解决经费问题，傅斯年尽了最大努力，一次又一次地向中央研究院和政府当局申请、交涉，终于使发掘经费日见追增。"[①]在傅斯年的努力下，到1934年，每季的经费已达到1万～3万元，从而为考古发掘提供了充足的财力保证。1935年春天，考古组对安阳殷墟进行了第11次发掘。由于财力充沛，这次收获颇丰，共发现小墓785座，连同前两次合计共1228座，大墓连同前两次共发掘10座(其中包括假墓1座)。在发掘侯家庄西北冈殷代墓的同时，还发现了侯家庄对岸的范家庄的北地和广益纱厂西边的大司空村的东南地。这被认为是殷墟发掘以来规模最大的一次发现，也是中国考古工作在国际上最煊赫的时期。[②]

3. 解决纠纷

正如李济所说，"孟真先生与殷墟发掘的关系是多方面的，除了领导的作用外，行政的交涉与经费的筹划，他担负了最大部

---

① 吴浩坤、潘悠：《中国甲骨学史》，上海人民出版社1985年版，第128页。

② 参见吴相湘：《傅斯年学行并茂》，载王为松主编：《傅斯年印象》，学林出版社1997年版，第177页。

分的责任"[①]。对考古过程中出现的任何问题，傅斯年都以其超众的社交、组织能力，多方奔波，一一排解，从而为史语所考古工作的顺利进行提供了保证。

1929 年底，李济、董作宾将安阳所发掘古物中的一部分带回史语所进行整理、研究，引起了河南方面的误会，他们反对史语所的发掘活动，而自行组织了一支队伍在安阳发掘，致使史语所考古组的发掘工作被迫停止。得知情况后，傅斯年马上去南京向中央研究院汇报，他本人又迅速于 11 月 24 日到达开封亲自处理此事。到达开封后，他一再声明，史语所进行殷墟发掘，旨在促进中国史学的发展，便利学人的研究。李、董二人带回的部分古物，实为研究之用，决无据为己有的私念。傅斯年还表示，中央研究院史语所愿借殷墟发掘之机，尽力帮助河南学术界，以促其发展。此外，傅斯年又采用演讲的方式，让大家提出问题，当场给予解答，以消除人们的疑问。后来成为甲骨文专家的石璋如就是在听到傅斯年的演讲后，对考古学产生浓厚兴趣的。在傅斯年的多方努力下，此事到 12 月 28 日终获圆满解决。

回到北平后，傅斯年写了《本所发掘安阳殷墟之经过》一文，并登在史语所辑刊上，以正视听。在解决纠纷的过程中，傅斯年迎着种种责难，费尽了口舌，饱受了冷眼。他后来常自嘲道："为你们到安阳，我的鼻子都碰坏了！"[②]李济也说："这件事若不是

① 李济：《傅孟真先生领导的历史语言研究所》，载王为松主编：《傅斯年印象》，学林出版社 1997 年版，第 106 页。

② 李济：《创办史语所与支持安阳考古工作的贡献》，载王为松主编：《傅斯年印象》，学林出版社 1997 年版，第 98 页。

傅先生办，别人也办不下来，而安阳的田野考古工作也就做不下去。”[①]傅斯年的社交、组织能力于此可见一斑。

1931 年春，殷墟第四次发掘开始后，傅斯年特前去视察，同年秋又再至安阳，以“力求各方融洽，工作顺利”[②]。可见，傅斯年对此是何等重视了。

4. 组织考古团体

傅斯年不仅给予安阳殷墟发掘以极大的支持，对考古组的其他工作亦投入了极大的热情。由于第三次殷墟发掘时，中央政府与地方政府意见不一致，为免除不必要的纠纷，傅斯年遂倡议史语所考古组与地方政府合作，组织古迹研究会，从事考古工作。在此背景下，山东古迹研究会于 1930 年 11 月成立。该会自成立之日起，先后与史语所合作发掘了城子崖、安上村、曹王墓、王坟峪、瓦屋村、大弧堆等 6 个遗址。著名的黑陶文化(即龙山文化)就是在这个区域内的城子崖遗址中发现的。河南研究会于 1932 年 2 月成立，并与史语所合作对浚县辛村、大赉店，河南西部的塌坡、马峪沟、赵沟、陈沟、青台，河南东部的造律台、黑弧堆、曹桥及汲县的山彪镇、辉县的琉璃阁、毡匠屯、固维村等进行了发掘。在此过程中，傅斯年对浚县辛村的发掘进行了视察。西康古迹考察团也于 1937 年春成立后开始进行发掘活动，共发掘 29 处遗址；苍洱古迹考察团从 1938～1940 年在大理附近发掘了 7 处遗址；川康古迹考察团在 1941～1943 年，在彭山、新律

---

① 李济:《创办史语所与支持安阳考古工作的贡献》，载王为松主编:《傅斯年印象》，学林出版社 1997 年版，第 99 页。

② 吴相湘:《傅斯年学行并茂》，载王为松主编:《傅斯年印象》，学林出版社 1997 年版，第 175 页。

等处进行了调查发掘。此外，琴台整理工作团、西北史地考察团、西北科学考察团等亦有辉煌的考古成绩。这些成绩的取得，凝聚了傅斯年的很多心血，其中的艰辛，也许只有他本人才能体会到。

5. 安阳殷墟发掘

由傅斯年领导，自1928年10月起，历时十年之久，安阳殷墟先后进行了15次大规模的发掘工作，直到1937年抗日战争爆发才暂告停止。其时间之长、发掘规模之大、出土遗物之精美和丰富，不仅在中国，而且在世界考古史上也是罕见的。

1928年，中央研究院成立。5月，傅斯年被任命为史语所所长，筹备史语所的成立事宜。8月，在史语所还未正式成立之前，他即派董作宾前往殷墟作发掘前的调查工作。10月13日，安阳殷墟首次试掘开始。这次试掘掘得甲骨854片，以及铜器、陶器、骨器等遗物多种。12月，傅斯年任命李济为史语所考古组主任，全面负责安阳殷墟的发掘事宜。翌年3月和10月，安阳殷墟分别进行了第二、三次发掘。这两次共掘出甲骨3752片，还有铜器、陶器等遗物和居住墓葬等遗址，其中包括珍贵的石刻、饕餮、白陶和彩陶片等文物。1931年3～5月，李济主持了安阳殷墟第四次发掘，继续在第三次发掘区域工作，又获得了大批遗物，有甲骨782片以及许多青铜器、陶器和骨器。1931年秋和1932年春，安阳殷墟第五、六次发掘相继进行。这次发掘发现了殷代宫殿建筑遗址，还有381片甲骨和其他陶器、石器等遗物。1932年秋到1933年春，在安阳殷墟连续进行了第七、八、九次发掘，共获得甲骨727片和石、玉、角、贝、金器等多种遗物，还发现了巨型基、凹型基、条形基以及柱础和窑穴等建筑遗迹。1934 年秋到 1935 年春，梁思永主持了安阳殷墟第十、十一、十二次的发掘，共发掘了 10 座商代王陵和上千座“人牲”祭祀坑，此外还出土了精美的青铜器、石雕器、玉器、陶器以及送殡行列使用的仪仗痕迹等遗物。1936 年，郭宝钧、梁思永分别主持了安阳殷墟第十三、十四次发掘，共获得甲骨 17096 片，其中完整的龟甲就有 300 片，为殷墟发掘史上所罕见，遗址有版筑遗址 30 处、窑穴 249 处、墓葬 313 座以及水沟遗迹，还出土了铜、陶、玉、石器等遗物多种。1937 年春，石璋如主持了第十五次也是最后一次安阳殷墟发掘，共获得重要基址 20 处、窑 220 处、墓葬 103 座、甲骨 599 片和大量的遗物。①

自 1928 年安阳殷墟发掘以来，甲骨文一直不断地被发现，其中较为著名的有 1929 年的“大龟四版”与 1931 年在小屯村北发现的卜甲 285 片、卜骨 4 片。1936 年 6 月，在小屯东北地又发现了 H127 坑，坑内出土了刻字甲骨 17096 片，其中卜甲 17088 片、卜骨 8 片，完整的有字卜甲 300 片。甲骨文的发现，使对甲骨文的研究由原来的文字考释和历史考证阶段发展到了依靠近代科学方法和手段全面研究的新阶段，也把中国的信史提前了 3000 多年。

（三）进行语言学、人类学的调查

傅斯年领导史语所考古组进行的语言学和人类学的调查工作，虽不属于考古学的范畴，但也是田野调查的重要组成部分。语言组的学者们在全国范围内进行了广泛的语言和方言的调

---

① 参见张岂之：《中国近代史学学术史》，中国社会科学出版社 1996 年版，第 474～490 页。

查。其中,在汉语方面比较重要的有:湖北、湖南、江西、四川、云南、福建、广东等省的全省性汉语语言方言调查;在少数民族和其他语言方面,比较重要的有广西、贵州、云南、四川等地的僮侗语、苗瑶语、藏缅语的调查。主持这些调查的有赵元任、李方桂,参加调查的有丁声树、董同和等,他们都是很有成就的语言学家。他们所调查的成果,有的已有专书出版,为后人在相关领域的研究提供了很大的便利。语言组还在南京的北极阁建立了语言实验室,用科学的方法对各地的语言进行分析。中国近代语言学的建立,成绩自然应归研究所的语言学家,但傅斯年的领导、规划之功也不可抹杀。

史语所人类学组的成立虽然晚,但也取得了突出的成绩。史语所人类学组成立后,于1934年进行了云南民族调查。1935～1936年,史语所人类学组利用参加中英会堪中、缅南段边界的机会,又对该地区的少数民族进行了调查。抗日战争时期,史语所迁到大西南,人类学组亦迁于西南地区,先后进行过贵州、四川、西康的少数民族调查。为了及时公布调查结果,该组在体质人类学方面出版了两卷人类学集刊,内容涉及山东人类体质研究、亚洲人种初步分类、华北平原中国人之体质测量,等等;与此同时,史语所人类学组还对安阳出土的殷周时期的人体骨骼进行了研究。这些调查和研究在中国民族学和人类学史上,都具有开拓性的意义。①

① 参见李泉:《傅斯年学术思想评传》,北京图书馆出版社2000年版,第127～128页。

三、傅斯年与考古学

傅斯年在行动上领导、支持了史语所考古组的考古活动；在理论上，他本人在古史方面的一些想法指导了考古组的工作，而且他本人也根据考古发掘的材料，对中国上古史的研究提出了一些新颖的见解，有些至今仍有重要意义。

（一）史前文明多元说

在《〈城子崖〉序》中，傅斯年提出了史前文明多元说。他在文章中写道："中国的史前史原文化本不是一面的，而是多面互相混合反映以成立在这个文化的富土上的。"其实，傅斯年的这种想法早在城子崖发掘之前已经有了。这种对中国古史的认识指导了史语所考古组的考古工作。为了证实这种想法，傅斯年想证明"沿渤海黄海省分当在考古学上有重要的地位，于是有平陵临淄的调查（近年又有沿山东海岸的调查），于是有城子崖的发掘"①。城子崖的发掘为中国近代考古学史上的大事，它发现了以精美的磨光黑陶为特征的"黑陶文化"，而这与当时被称为"彩陶文化"的仰韶文化有很大的区别。

尽管当时人们对黑陶文化的认识还是初步的，然而，城子崖发掘所展示出来的这一崭新的原始文化风貌，给傅斯年以极大的启示。他认为这是原来就有的一支文化。此后，随着山东考古遗迹的陆续被发现、揭示，证明了傅斯年的这个推论是正确的。

---

① 傅斯年：《〈城子崖〉序》，载欧阳哲生主编：《傅斯年全集》第3卷，湖南教育出版社2003年版，第236页。

(二)夷夏东西说

《夷夏东西说》写于1931年,刊于1933年的《庆祝蔡元培先生六十五岁论文集》中,为傅斯年古史研究的代表作之一。在这篇文章中,傅斯年认为:"考察古地理为研究古史的一条道路";"在三代时及三代以前,政治的演进,由部落到帝国,是以河、济、淮,流域为地盘的。在这片大地中,地理的形势只有东西之分,并无南北之限。历史凭借地理而成,这两千年的对峙,是东西而不是南北。"根据他的考证,"夷与商属于东系,夏与周属于西系";但是,"同在东区之中,殷与夷又不同。诸夷似乎以淮济间为本土,殷人却是自北而南的。殷人是不是东方土著,或是从东北来的,自是可以辩论的问题,却断乎不能是从西北来的";"同在西系之中,诸夏与周又不尽在一处。夏以河东为土,周以歧渭为本"。[①] 从而明确了他的"夷夏东西说"的概念。

在文中,傅斯年虽未提及考古学成果对他的影响,但当时考古学所取得的成就,已足以支持他的这种观点,提出"东西夷夏"说已是水到渠成的事。[②] 而且,当时"东西之分在考古学文化上体现得十分明显"[③]。显而易见,傅斯年的"夷夏东西说"观点既是当时考古学成果影响的结果,也指导了史语所考古发掘工作的进行。

---

① 傅斯年:《夷夏东西说》,载欧阳哲生主编:《傅斯年全集》第3卷,湖南教育出版社2003年版,第181、182、228页。

② 参见张忠培:《关于中国考古学的过去、现在与未来的思考》,载张忠培:《中国考古学:走近历史真实之道》,科学出版社1999年版,第294页。

③ 杨朝明:《试谈傅斯年关于中国古代文化起源的假说》,载《中国文化研究》1997年第2期。

（三）先商文明高级而长久说

傅斯年根据安阳殷墟发掘出的部分古器物，在《性命古训辨证》中提出了先商文明高级而长久说。他在文中写道：

> 中央研究院发掘殷墟之工作已历八年，于累经毁损之墓中获见不少殷商遗物，其冶金之术，琢玉之工，犹使今人为之惊佩。其物品形色之富，器用制作之精，兵器种类之众，亦未发掘前所不能预料者也。以此与世上已知之周初遗物，及中央研究院所掘者比，知周之代商，决不代表物质文化之进展。凡周初所有者，商人无不有之，且或因易代之际，战事孔炽，文化沉沦不少，凡商人所有者，周初人未必尽有之，或有之而未若商人之精也。从此之后，一切疑殷商文化不及周初之见解，应一扫而空。[①]

这种认识廓清了长期以来困惑人们的问题，促进了历史学的发展。后来，商代文化的考古发现愈来愈丰富，更多的甲骨文字、青铜器等考古材料被陆续发现、研究，人们对商代文明之灿烂也因之看得更加清楚。20世纪50年代以来，考古学界不仅发现了二里头的夏文化，而且，在河北武安石兹山、河南新郑裴里岗也有一些遗址被发现，从而使中原地区新石器时代的早期遗址得到了确认，中原文化的年代大大提前了。

四、考古组·考古学·历史科学

傅斯年对史语所考古组工作的统筹规划、人才培养、资金筹

---

① 傅斯年：《性命古训辨证》，载欧阳哲生主编：《傅斯年全集》第2卷，湖南教育出版社2003年版，第586页。

措、解决纠纷、组织考古团体等方面的极大支持,对中国近代考古学的建立起了重要作用。

近代考古学是一门涉及面极广的学科,与地质学、古生物学、人类学有密切关系,必须得到这些学科的支持和协助,才能完成各项研究任务。傅斯年极其重视考古学与其他学科的关系。他认为,考古学"与地质学是不能分开的,如离开了地质学,考古学就失其效用";"就根本不能成立"。① 他还认为考古学与人类学的关系也极为密切,"所以于古器之外,应特别注意人骨之测量,再根据比较法来推测当时人类之形状与其变化"②。这种认识不仅有助于考古成果的涌现,也有利于近代中国考古学理论的成熟。

近代考古学以田野调查发掘为基础,不同于传统的金石学。史语所考古组成立后,在傅斯年"上穷碧落下黄泉,动手动脚找东西"口号的指导下,确定以殷墟发掘为考古工作的重点,从而揭开了大规模田野考古的序幕。在此过程中,传统的金石学最终向以田野调查为基础的近代考古学转型并得以确立。

"正确地认识地下堆积的情况,按照堆积的本来面貌揭示出它们之间的纵横关系,是以田野考古为标志的近代考古学的首要课题。"然而由于当时地质学知识的缺乏,"在我国近代考古学开始出现的最初十年,即本世纪(20 世纪)二十年代,是以深度计层进行田野考古发掘的。按深度计层划分层位的方法,违背

---

① 傅斯年:《考古学的新方法》,载欧阳哲生主编:《傅斯年全集》第 3 卷,湖南教育出版社 2003 年版,第 88 页。

② 傅斯年:《考古学的新方法》,载欧阳哲生主编:《傅斯年全集》第 3 卷,湖南教育出版社 2003 年版,第 92 页。

了堆积的实际情况，不能正确揭示堆积间的纵横关系，妨碍了对古代遗存进行科学的研究"[①]。史语所考古组成立伊始，由于没有科学方法的指导，"多经一次，即多一次损失"[②]。这种状况直到1931年梁思永主持安阳后冈发掘后才有所改变。在这次发掘中，梁思永根据土色掌握了单纯的"仰韶文化"的堆积。在整理过程中，他又清除了混入晚期地层中的早期遗物，使各时期遗存的本来情形准确清楚地显示了出来，正确地解决了堆积实际存在的层位关系问题，使考古学获得了一个可靠的科学基础，推动了近代考古学的建立。

以田野调查发掘工作为基础的近代考古学应"包括史前考古学、历史考古学和田野考古学等分支"[③]。在傅斯年的史语所考古组促进田野考古学形成之际，史前考古学和历史考古学也在形成。其中，1930年史语所发掘的城子崖遗址和1934年由裴文中等人（不是史语所的活动）发掘的北京人遗址，标志着史前考古学的正式形成[④]，历史考古学与田野考古学的形成大约同步。这就说明，近代考古学作为一门新兴学科已经形成了。

考古学与历史学，是历史科学（广义历史）的两个主要组成部分，犹如车的两轮，不可偏废。然而我国的传统史学，是通过文字资料研究历史的狭义史学，金石学只是史学的附庸。近代

---

① 张忠培：《地层学与类型学若干问题》，载《中国考古学：走近历史真实之道》，社会科学出版社1999年版，第177页。

② 胡厚宣：《殷墟发掘》，学习生活出版社1955年版，第46～47页。

③ 夏鼐、王仲殊：《考古学》，载《中国大百科全书·考古学》，中国大百科全书出版社1986年版，第1页。

④ 张岂之：《中国近代史学学术史》，中国社会科学出版社1996年版，第500页。

以来，基于我国社会的变革和西方思想的输入，传统史学出现了向近代转型的趋势，尤其是五四新文化运动的兴起，更加快了这一趋势的发展。“五四”以后，随着“科学”与“民主”的深入人心，中国古史领域也涌现出了新的态势：一是“疑古”风潮的兴起；二是在考古学领域出现的仰韶村和周口店的考古发掘。前者侧重于“破”，后者侧重于“立”，二者使中国古史领域的研究出现了革命性的变革。“疑古”廓清了经籍中的关于中国古代的荒谬学说，使“三皇五帝”的神圣地位失去了依据，对中国古史的研究起了巨大的推动作用，然而却不能建立起真实的史学大厦。同时“疑古”过了头，从疑经籍到疑人疑事，会使史学发展走入歧途。诚如傅斯年所指出的：“古史者，劫灰中之烬余也。据此烬余，若干轮廓有时可以推知，然其不可知者亦多矣。以不知为不有，以或然为必然，既违逻辑之戒律，又蔽事实之概观，诚不可以为术也。今日固当据可知者尽力推至逻辑所容许之极度，然若以或然为必然，则自陷矣。”①

中国近代考古学的建立，则打破了以文献为研究对象和附以金石学的狭义传统，开拓了新的史学领域，推动了广义的史学即历史科学的产生，并同“疑古”共同促进了中国史学向近代的转型。至迟到20世纪30年代，在广义的史学中，考古学作为一门相对独立的新兴学科已经形成了。

① 傅斯年：《性命古训辨证》，载欧阳哲生主编：《傅斯年全集》第2卷，湖南教育出版社2003年版，第594页。

第五章　傅斯年的文学研究

19 世纪末的“戊戌维新”虽然惨败于慈禧太后的屠刀之下，却也因甲午战后救亡与启蒙的亟需，在文学领域掀起了波澜。政变失败后，以梁启超为代表的变法中坚及其追随者痛定思痛，深刻认识到思想启蒙的重要性，决意开通民智，维新自强，从事思想启蒙和文学革新运动，并提出了“诗界革命”、“文界革命”和“小说革命”的口号，且力主“戏曲改良”，开始创作新体文学，从而拉开了文学改良运动的序幕。

由梁启超倡导的文学改良运动，目的在于以“新民”为主旨进行思想启蒙，但是 1903 年以后，日渐高涨的民族主义情绪和民族民主革命的浪潮，却迫使以启蒙为主旨的文学革新运动转向具有强烈民族意识的革命文学运动。这一时期的革命派文学家，一身兼二任，他们既是革命家，又是文学家如邹容、陈天华、秋瑾等，无不如此。但是，强烈的民族意识使他们在内心深处必然认同中国传统的文学观念。因此，辛亥革命后，随着革命思想的光辉消散殆尽，以文胜质的复古倾向日趋严重。正如柳亚子所言，有人甚至“抱着妇人醇酒消极的态度，做的作品，也多靡靡之音，所以就以‘淫滥’两字，见病于当世”①。

1915 年 9 月，陈独秀在上海创办《青年》杂志，1916 年出版第二卷时改名为《新青年》杂志。《新青年》杂志针对当时尊孔复古的思潮，提出反对孔教，反对旧道德，提倡用白话文代替文言文，积极倡言“文学革命”。1917 年 1 月，胡适在《新青年》杂志上发表了《文学改良刍议》。在这篇文章中，胡适阐述了其文学的历史进化观点。紧接着陈独秀又发表了《文学革命论》，正式举起了文学革命的大旗。至此，文学领域内的变革在更大层面上开展起来。时在北大读书的傅斯年，接触了陈独秀、胡适、李大钊、鲁迅、钱玄同、刘半农等人，在他们的启发与影响下，他从旧国学的故纸堆中跳出来，积极投身到文学革命的阵营中去。在此过程中，他撰写了多篇倡扬新文学、反对旧文学的文章，其中，有些文章提出了颇有新意的独到见解。

一、对封建文体与文风的批判

文学革命的一个重要内容就是对旧文学的封建性内容和封建性文风的批判。在五四新文化运动期间，傅斯年对“文以载道”的封建文风和“桐城谬种”、“选学妖孽”的封建内容进行了批判。

① 转引自孔范今主编：《二十世纪中国文学史》（上），山东文艺出版社 1997 年版，第 339 页。

（一）对“文以载道”文风的批判

国人向来视文学为“经国大业”，“文以载道”的传统根深蒂固。但是，为道而文，把文学当成“贯道之器”，人们就不能自由表达自己的感情，从而使文学失去了独立性。五四新文化运动期间，个人意识的觉醒使国人认识到了这种文学的弊病，并对之进行了猛烈的抨击，对此，傅斯年更是不遗余力。

在《中国学术思想界之基本谬误》一文中，傅斯年指出，中国学术界历来以古圣先贤的遗训为指导，“治理学则曰，‘纂承道统’，‘辅翼圣贤’；治文学则曰‘惧斯文之将坠，宣风声于不泯’，治朴学则曰‘功莫大于存古”[①]。这种动辄承先人圣言的思想泯灭人性，使学人的个性得不到自由发挥，致使张扬个性的文学作品几乎没有。文学中的“教皇政治”、“方士文学”、“阴阳学术”、“偈咒文学”等现象都是“文以载道”的产物。对此，傅斯年更是深恶痛绝，他认为须“研西土之近世之科学、哲学、文学”，“借重于泰西学者之言”[②]，以纠正这种不利于发扬人的个性的文风。

（二）对“选学妖孽”与“桐城谬种”的批判

傅斯年认为选学派推崇的骈体文是一种华而不实的文体。这种文体“论其外观，修饰华丽，精美绝伦”；“然此种文章，实难能而非可贵，又不适用于社会”。因为这种文体“导人伪言”，且只能表达“模棱之词，含糊之言”，不能说出半句实话。在傅斯年

① 傅斯年：《中国学术思想界之基本误谬》，载欧阳哲生主编：《傅斯年全集》第1卷，湖南教育出版社2003年版，第22页。

② 傅斯年：《中国学术思想界之基本误谬》，载欧阳哲生主编：《傅斯年全集》第1卷，湖南教育出版社2003年版，第28页。

看来，这种问题与新文学所要求的“篇篇有明确之思想，句句有明确之义蕴，字字有明确之概念”的求实精神是根本对立的，这种文体与现实已经脱轨，只能进历史博物馆了。傅斯年还指出，骈体文已成了束缚思想、阻碍社会进步的废物了，“骈文之于文也，教之矜伐，诲之严饰，启其意气，泯其懿德”；“欲其有济于民生，作辅于社会，诚万不可能之事”。所以废除这种文体，已是势所必然，“今欲崇诚信而益民德，写人生以济群类，将何用此骈体为也”。[①]

桐城派文学思想在近代文坛上受到的非议颇多。对此，傅斯年亦有过尖锐的批判。他认为桐城派文体是一种“庸讷”、“陈死”、“颠倒天然之次序”、“造作虚辞”的文体，毫无用处，“桐城家者，最不足观，循其义法，无适而可”。由此，傅斯年得出结论，“析理之文，桐城家不能为”；“杼感之文，桐城家不能为”；“疏证之文，桐城家不能为”。总之，“举文学范围内事，皆不能为，而忝颜曰文学家。其所谓文学之价值，可想而知”。傅斯年进一步指出，桐城派文体不但毫无用处，而且成了一种“桎梏心灵戕贼性情”的镣铐。“故学人一经瓣香桐城，富于思考者，思力不可见；博于学问者，学问无由彰；长于情感者，情感无所用；精于条理者，条理不能常。由桐城家之言，则奇思不可为训，学问反足为累。不崇思力，而性灵终归泯灭。不尚学问，而知识日益空疏。”因此，傅斯年反问道，这种害人的文体，“岂不宜首先崭除乎”。[②]

---

① 傅斯年：《文学革新申义》，载欧阳哲生主编：《傅斯年全集》第1卷，湖南教育出版社2003年版，第11页。

② 傅斯年：《文学革新申义》，载欧阳哲生主编：《傅斯年全集》第1卷，湖南教育出版社2003年版，第10～11页。

在五四新文化运动时期，对选学派和桐城派进行批判的并不只有傅斯年。早在五四新文学运动伊始，胡适就在《文学改良刍议》一文中，对其进行了批判，他指出“今之‘文学大家’，文则下规姚、曾，上师韩、欧”，这实指桐城派。他还指出“骈文律诗乃真小道耳”，这实际上指选学派。但是，胡适的批判并不尖锐。紧接着，陈独秀在《新青年》第二卷第六号上发表了《文学革命论》，明确点出了当时统治文坛的三大流派的名字，并对其予以猛烈的抨击：“今日吾国文学，悉承前代之弊：所谓‘桐城派’者，八家与八股之混合体也；所谓‘骈体文’者，思绮堂与随园之四六也；所谓‘西江派’者，山谷之偶像也。”①

在对桐城派和选学派的批判过程中，傅斯年以清晰的条理、严密的逻辑，论证了桐城派和选学派在说理、抒情、记事各方面，如何桎梏心灵，如何束缚住作者的手脚，会形成什么样的后果，从而使对桐城派和选学派的批判，达到了一个新的高度。

二、改造语言文字，主张国语统一

19 世纪末，出于救亡图存、强国强民的需要，就有人主张改造语言文字，用拼音文字代替汉字。1891 年，浙江学者宋恕提出“早切音文字”。到戊戌变法时期，谭嗣同进一步主张改象形字为谐声，“象形”即方块字，“谐声”即拼音文字。

宋恕、谭嗣同的汉字拼音化只是一种主张、一种理想。在近代，第一个拼音方案是由文字学家卢戆章提出来的。卢戆章

① 陈独秀：《文学革命论》，载《陈独秀文存》，安徽人民出版社 1987 年版，第 97 页。

(1854～1925年),字雪樵,福建同安县人,致力于切音事业达半个世纪之久。他在1892年出版的《一目了然初阶》、1893年出版的《新字初阶》、1906年出版的《中国字母北京切音教程》等著作中,提出了汉字改为拼音文字的方案,被称为"首创切音字之原祖"。

戊戌政变后,一些文字学家,比如蔡勇、王炳耀等都曾提倡改造文字,其中影响比较大的是王照。王照创造了"官话字母",主张用北京话的标准来统一读音,以便于国语的统一。他的主张,对后来的拼音运动有很大的影响。中华民国成立后,教育部召集读者统一会,议定注音字母39个,就吸收了王照的思想。1918年,教育部正式公布注音字母;翌年,出版国音字典。此时,文学革命已风靡全国,国语统一运动也在更大层面上扩展开来。在这一背景下,对于如何改造中国的语言文字,傅斯年也提出了自己的看法。

《汉语改用拼音文字的初步谈》是傅斯年主张用拼音文字代替汉字的力作,这篇文章针对吴稚晖的《补救中国文字之方法若何?》而作。在文中,傅斯年首先指出了拼音文字代替汉字的必要性,他认为,"中国文字的起源是极野蛮,形状是极奇异,认识是极不便,应用是极不经济,真是又笨又粗、牛鬼蛇神的文字,真是天下第一不方便的器具"[①]。文字只是表达思想的一种工具,汉字既然使用起来不方便,那么用比较简单的拼音文字代替汉字就是势所必然了。不仅如此,傅斯年针对当时有人反对汉字

① 傅斯年:《汉字改用拼音的初步谈》,载欧阳哲生主编:《傅斯年全集》第1卷,湖南教育出版社2003年版,第162页。

改革，进而主张："中国可以不要，中国的语言不可不存。何以呢？因为外国语是极难学的，更不是中国人都能学得的，万一改用外国语当做国语，大多数的中国人登时变成哑子，意见不能发泄，岂不要闷死人呢？"[①]对于用拼音文字代替汉字的规则，傅斯年也作了详细说明。

改造语言文字，主张国语统一运动在"五四"时期开展得轰轰烈烈，当时人们基于"废文言而用白话"的需要，在批判文言不合时代需要的同时，连同中国文字的基本载体——汉字，也一起否定了。当年陈独秀"力言推翻孔学"，有人认为陈的态度还不彻底，只抓住了表面现象，无助于从根本上彻底铲除孔学。因为，从整体上看，孔学的价值是由"一般人之幼稚的野蛮的顽固的思想"拥戴的结果，而他们思想的直接来源又是用汉字作工具的"四书五经"。于是，像钱玄同等比较激进的人遂提出："欲废孔学，不可不先废汉文，欲驱除一般人之幼稚的野蛮的顽固的思想，尤不可不先废汉文。"[②]傅斯年时为热血青年，对这场运动更是倾心羡慕，并也加入到"讨伐汉字"的大军中，反映出他当时对民族文化的虚无主义态度。

三、文学革命新论

（一）文学革命的必然性

在五四新文化运动时期，胡适在《文学改良刍议》中提出了

① 傅斯年：《汉字改用拼音的初步谈》，载欧阳哲生主编：《傅斯年全集》第1卷，湖南教育出版社2003年版，第164页。

② 钱玄同：《中国今后之文学问题》，载1918年4月15日《新青年》（第四卷四号）。

他的文学进化论的观点，由此揭开了"文学革命"的大旗。在这篇文章中，他特意列举了从先秦到晚清的一些代表性文学作品，说明它们都"各因时势风会而变，各有其特长"，从而得出了当今的文学是历史上文学的必然发展的结论。他还把中国文学放到历史进化的环境中去考察，认为白话文代替文言文也是历史发展的必然趋势。但是，当论及文学革命时，胡适将重点放到了文学语言形式的改良方面。《文学改良刍议》中所提出的八个方面的文学改良，虽然也触及到了文学改良的内容，但主要是形式的改良，并没有在实质上触及文学革命的要害。

具有新民主主义革命意义的"文学革命"口号的提出，始于陈独秀。在胡适的《文学改良刍议》一文发表一个月后，1917 年 2 月 2 日，在《新青年》第二卷第六号上，发表了陈独秀的《文学革命论》。在这篇文章中，陈独秀呼吁："旗书上大书特书吾革命军三大主义：曰，推倒雕琢的阿谀的贵族文学，建设平易的抒情的国民文学；曰，推倒陈腐的铺张的古典文学，建设新鲜的立诚的写实文学；曰，推倒迂晦的艰涩的山林文学，建设明了的通俗的社会文学。"[①]这篇文章以激进的民主主义革命思想鼓吹文学革命，提倡新文学运动，从而给 20 世纪中国文学革命提出了一个系统的战斗纲领，成为文学革命运动的宣言书。

自从陈独秀提倡"文学革命"之后，一些人纷纷响应，其中刘半农的《我之文学改良观》、易名的《改良文学之第一步》、傅斯年的《文学革新申义》、钱玄同的《新文学与今韵问题》，等等，在当

---

① 陈独秀：《文学革命论》，《陈独秀文存》，安徽人民出版社 1987 年版，第 95～96 页。

时都是比较著名的。

首先,傅斯年从文学的性质及其内部的发展规律,说明了文学革命的必然性。在他看来,文学首先是社会政治文化发展的必然产物,它同“政治、社会、风俗、学术等,皆群类精神上出产品也……政治、社会、风俗、学术等为时势所迫概行变迁,则文学亦应随之以变迁,不容独自保守也”[①]。随后,他认为文学革命是文学自身发展的必然规律。文学是人类“精神上之出产品”;而“其所从出之精神,性质变动,迁流不居”;“精神生活本有创造之力。故其现于文学而为文学之精神也,则为不居的而非常住的,无尽的而非有止的,创造的而非继续的”[②]。文学具有了这些性质和特点,“文学之必趋新”也就理所当然了,从而论证了文学革命的必然性。

(二)“新文学就是白话文学”

白话文运动是随着清末维新运动产生的。当时,维新派出于“开民智”及传播西方思想文化的需要,积极提倡白话文。在此期间,裘廷梁在《苏报》上发表了著名的《论白话为维新之本》,首次提出“崇白话废文言”的口号;之后,陈子褒也发表文章倡扬推行白话文,并在《论报章宜改用浅说》一文中,明确提出报纸应改用白话,用白话办报,使人人都能读,白话文运动初露端倪。后来,到辛亥革命时期,陈天华、邹容等分别用白话文写下了《猛回头》、《警世钟》、《革命军》等一系列脍炙人口且极具革命性的

① 傅斯年:《文学革新申义》,载欧阳哲生主编:《傅斯年全集》第1卷,湖南教育出版社2003年版,第4页。

② 傅斯年:《文学革新申义》,载欧阳哲生主编:《傅斯年全集》第1卷,湖南教育出版社2003年版,第5页。

名篇，极大地宣传了革命派的主张，促进了革命的爆发。

新文化运动期间，胡适在《文学改良刍议》中提出以白话文作为中国文学的正宗，得到了陈独秀、钱玄同、刘半农等人的支持。他们发表文章，以十分激烈的言辞批判封建旧文化，支持胡适的观点。受胡适的影响，傅斯年也明确表示对“废文言而用白话”“深信不疑”①，而且认为白话文取代文言文是文学革命的首要任务。他在《怎样做白话文》中写道：“新文学就是白话文学。只有白话能做进取的事业，已死的文言，是不中用的……新文学建设的第一步，就是应用白话做材料。”②

至于如何做白话文，傅斯年认为应该面向现实，从日常生活中学习语言。他说：“我主张留心自己的说话，并且留心别人的说话。一面随时自反，把说话的毛病，想法除去，把文学的手段、组织和趣味，用到说话上来。一面观察别人，好的地方，我去学他；不好的地方，求自己的解免。”③基本精神就是要求新文学作者向现实人生学习语言，提炼语言，唯有如此，才能写出新鲜活泼、视听一致的文章来。他说：“第一流的文章，定然是纯粹的语言，没有丝毫搀杂；任凭我们眼里看进，或者耳朵里听进，总起同样的感想。若是用眼或用耳听，效果不同，变落到第二流以下去

① 傅斯年：《文言合一草议》，载欧阳哲生主编：《傅斯年全集》第1卷，湖南教育出版社2003年版，第14页。

② 傅斯年：《怎样做白话文》，载欧阳哲生主编：《傅斯年全集》第1卷，湖南教育出版社2003年版，第125页。

③ 傅斯年：《怎样做白话文》，载欧阳哲生主编：《傅斯年全集》第1卷，湖南教育出版社2003年版，第128～129页。

了。”[①]要求视听效果一致，这正是白话文学的鲜明特点和根本要求，而要做到这一点，就必须采用现实生活中的语言。傅斯年的这些见解得到了胡适的肯定，认为是对他主张的“最中肯的修正”。

在语言学习上，傅斯年认为除以生活语言为主要“凭借物”外，还要有一个“高等凭借物”，即向外国学习。具体来说，“就是直用西洋文的款式、文法、词法、句法、章法、词枝……一切修辞学上的方法，造成一种超于现在的国语。因而成就一种欧化国语的文学”[②]。他认为要“想免得白话文的贫苦，唯有从它——唯有欧化”[③]。需要指出的是，学习和吸收其他国家和民族的语言以丰富自己民族的语言，这是完全正确的和必要的，但认为只有把本民族的语言完全西化才有出路，这就不仅无根据地贬低了本民族的语言，而且指错了丰富完善本民族语言的途径，是一种极端的思想行为，是有害的，也是行不通的。

(三)“将来的文学，是人化的文学”

五四新文化运动给中国带来了民主和科学，也促进了个人意识的觉醒，“就整个 20 世纪中国思想界而言，最大的收获仍然是世纪初那场狂飚突进的五四新文化运动。而就五四新文化运动，最大的收获则是‘人’的发现，即开启了‘人’的自觉观照与探

① 傅斯年:《怎样做白话文》，载欧阳哲生主编:《傅斯年全集》第 1 卷，湖南教育出版社 2003 年版，第 129 页。

② 傅斯年:《怎样做白话文》，载欧阳哲生主编:《傅斯年全集》第 1 卷，湖南教育出版社 2003 年版，第 132 页。

③ 傅斯年:《怎样做白话文》，载欧阳哲生主编:《傅斯年全集》第 1 卷，湖南教育出版社 2003 年版，第 133 页。

索的时代"[①]。在此意义上，五四新文化运动也可称为是"个人的发现"。

傅斯年在白话文学的内容上，赞成周作人"人的文学"的思想，主张"发扬个人的文学"，"反对非人的与反人性的文学"。他深刻地批判了旧文学的"不合人性"、"不近人情"，认为旧文学是宣传旧思想、旧道德的工具，与普通人的思想、愿望是不相容的。针对旧文学存在的根本问题，傅斯年指出：

> 我们所以不满意于旧文学，只为它是不合人性，不近人情的伪文学，缺少"人化"的文学。我们用理想上的新文学代替它，全凭这"容受人化"一条简单的道理……任凭文学界中千头万绪，这主义，那主义，这一派，那一派，总是照着人化一条道路而行。如果有违背它的，便受天然的淘汰，——中国旧文学是个榜样。所以我们对于将来的白话文，只希望它是"人的"文学。[②]

傅斯年认为旧文学那种缺少"人化"的状况，是由于长期的封建统治造成的。在历史上，"我们的祖先差不多对于人生都没有透彻的见解，会说什么'圣贤'话、'大人'话、'小人'话、'求容'话、'骄人'话、'妖精'话、'浑沌'话、'仙佛侠鬼'话，最不会说的是'人'话，因为他们最不懂的是'人'，最不要求的是人生的向

---

① 裴毅然：《二十世纪中国文学人性史论》，上海书店出版社 2000 年版，第 1 页。

② 傅斯年：《怎样做白话文》，载欧阳哲生主编：《傅斯年全集》第 1 卷，湖南教育出版社 2003 年版，第 134～135 页。

上”[①]。这就把封建主义的等级统治彻底揭穿了，而且，他还指出封建文学正是这一统治的反映，并为这一统治服务的。同时，他还认为，与这种违反人性的封建文学的斗争，是一场你死我活的斗争，必须下定决心，进行根本的改革，决不能迁就、调和。他反复强调：“天地间事，不是东风压倒西风，就是西风压倒东风。”“调和是没成效的，必须征服，必须根本改换。”[②]这表现出他同封建文学坚决斗争的态度。

四、戏曲改良

《戏曲改良各面观》、《再论戏曲改良》是傅斯年尝试戏曲改良的文章，也是其文学理论主张应用到实际的具体体现。傅斯年在文章中对中国的戏剧现状极为不满，他认为中国戏剧“是非人类精神的表现”，“最是助长中国人淫杀的心理”；“就技术而论，中国旧戏，实在毫无美学价值”，“违背美学上的均比律”，“刺激性过强”，“形式太嫌固定”[③]。至于如何对这种状况进行改造，傅斯年认为应以西方戏剧为模本，与此同时，他又认为中西戏剧区别较大，所以他主张“过渡戏”。但是，傅斯年对戏剧改良的要求并未停留于此：“我这主张，不过因为过渡时代，不能不有

---

① 傅斯年：《白话文学与心理的改革》，载欧阳哲生主编：《傅斯年全集》第1卷，湖南教育出版社2003年版，第248页。

② 傅斯年：《白话文学与心理的改革》，载欧阳哲生主编：《傅斯年全集》（第一卷），湖南教育出版社2003年版，第252页。

③ 傅斯年：《戏剧改良各面观》，载欧阳哲生主编：《傅斯年全集》第1卷，湖南教育出版社2003年版，第43、44、45页。

过渡的办法，等到新剧预备圆满了，我便要主张废除‘过渡戏’，犹之乎现在主张废除旧剧戏了。——这‘过渡戏’的功用，不过像个过得的桥罢了。”[①]从而将戏剧改良的理由、方法、过程阐释得非常清楚。

五、文学史分期

在中国文学史分期问题上，傅斯年没有认同当时流行的以政治为标准作为文学发展的标志，而是极其重视文学自身的发展规律。早在五四新文化运动期间，傅斯年就因“近年坊间刊行之中国文学史，于分期一端，决少致意。竟有不分时代，囫囵言之者；间为分期之事，亦不能断画称情”[②]，而对中国文学史作过分期。他根据文学自身发展的规律将中国文学史分为四个阶段：上古（商末叶至战国末）为“文学自由发展期”，中古（自秦统一至“初唐”之末）是“骈丽文体演进期”，近古（自“盛唐”之始至明中叶）为“新文学代兴期”，近代（自明弘嘉而后至今）是“文学复古期”。迨及留学归国，他又在《中国古代文学史讲义》中开篇即界定了讲义授课的范围，“起于殷周之际，下到西汉哀平王莽时”，此为“古代文学之正身”。之所以如此，傅斯年写道：“我们总不便把政治的时代作为文学的时代。”“文学时代之转移每不在改朝易代之时，所以我们必求分别文学时代于文学之内，不能

① 傅斯年：《戏剧改良各面观》，载欧阳哲生主编：《傅斯年全集》第1卷，湖南教育出版社2003年版，第53页。

② 傅斯年：《中国文学史分期之研究》，载欧阳哲生主编：《傅斯年全集》第1卷，湖南教育出版社2003年版，第140页。

出于其外，而转到了政治之中。”[①]据此标准，他认为殷商至西汉为古代文学的正宗。对这一阶段，他又将之分为“著作前”和“著作大成”两个时期，“因春秋及战国前半之文书，官籍而外，记言而已，方技而已”；“且著前期有文学而无文人”。[②]

其实，20 世纪纪初的文学史体例，就开始对文学史进行了分期，不过那时的分期，大多数是先把中国历史划分为几个不同的社会历史阶段，与社会历史阶段的发展相联系，再把文学史的发展划分为几个不同的时期，然后依次分章节来叙述。比如，黄人的《中国文学史》就把整个中国历史划分为上世、中世、近世三大时期，并认为在这三大时期内，中国文学经历了全盛、分离、暧昧等不同的阶段。谢无量的《中国大文学史》则把中国历史分为四个时期，并据此将文学史分为上古文学史、中古文学史、近古文学史、近世文学史等数编，每编相对独立，然后在各编中分叙各时期出现的各种体裁的文学及其发展与影响。傅斯年也主张对文学史进行分期，但他更为注重的是文学自身的发展规律，而不是使之依附于历史、政治的分期标准。

《贾谊》这篇文章充分体现了傅斯年的这种观点。贾谊本是西汉人，其文学思想在一般人看来应该是反映西汉社会的。然而，傅斯年却认为，文学不能随政治的改变而立即改变：“政治的状态转变了以后，社会的状态，不能随着这政治的新局面同时

① 傅斯年：《中国古代文学史讲义》，载欧阳哲生主编：《傅斯年全集》第 2 卷，湖南教育出版社 2003 年版，第 5 页。

② 傅斯年：《中国古代文学史讲义》，载欧阳哲生主编：《傅斯年全集》第 2 卷，湖南教育出版社 2003 年版，第 7 页。

转，必须过上一世或若干世，然后政治新局面之效用显出来。"[①]所以他在给贾谊定位时说："贾生对封建的制度论实现于景帝时，而他一切儒家思想均成于武帝，贾生不是一个战国之殿，而是一个汉风之前驱。但他到底是直接战国的人，所以议政论制，仍是就事论事，以时代之问题为标，而思解决处理之术，不是拿些抽象名词，传遗雅言，去做系统哲学的。"[②]

六、《尚书》研究

《尚书》的原义是"上古的书"，是我国最早的一部历史文献汇编。它记载的是商周两代统治者的一些讲话记录，还有一篇流传至周经过加工的关于夏史的《甘誓》和三篇在东周战国时期根据一些往古材料加工编造的有关虞、夏的史实记载。由于年代久远，且经历代不断的伪造，《尚书》中的一些内容扑朔迷离，难以认清它的真实面目。后虽经清代段玉裁、王念孙、王引之父子、皮锡瑞、吴汝纶等人的努力，但由于受时代的限制，许多问题都没有解决。到了近代，在清人的研究基础上，加上西方学术的影响和甲骨文、金文研究的成熟，《尚书》的研究也取得了重大突破。王国维、郭沫若、徐中舒等对此都有精辟的见解。在新文化运动中成长起来的傅斯年，吸收了近代西方的科学理念，并运用新发现的史料，也对《尚书》进行了详细的研究，并取得了一些

① 傅斯年：《中国古代文学史讲义》，载欧阳哲生主编：《傅斯年全集》第 2 卷，湖南教育出版社 2003 年版，第 91 页。

② 傅斯年：《中国古代文学史讲义》，载欧阳哲生主编：《傅斯年全集》第 2 卷，湖南教育出版社 2003 年版，第 92 页。

成果。

在《中国古代文学史讲义》"论伏生所传书二十八篇之成分"一节中,傅斯年以实证的科学的学术理念为指导,对《尚书》的成书年代、核心思想、史料价值等内容作了分析。他认为:"二十八篇不能当做一个系统看。"①为了证实自己的观点,他将《尚书》分为七类:周浩类、鲁书类、宋述商书类、外国书、三代誓辞、《禹贡》、《洪范》、虞夏书。对于每一类,傅斯年都用翔实的材料进行了说明,并且在最后又附上了《左传》引用《尚书》中内容的表。这样就廓清了《尚书》研究中的不少问题,对后人的研究亦颇有启迪作用。

七、《诗经》研究与五言诗起源

(一)《诗经》研究

近代国人对《诗经》的研究,是在辛亥革命后随着西方资产阶级思潮的传入而兴起的。研究者一方面继承和发扬了清代后期研究《诗经》的著名学者龚自珍、魏源、皮锡瑞、姚际恒、崔述、方玉润等人独立思考、实事求是、无征不信的精神,另一方面又吸收了西方治学中的新观点和新方法。五四新文化运动后,在民主与科学的新思潮激荡之中,学术界有人开始提倡科学理论,呼吁解放思想,开展独立自由的学术研究。在此背景下,学人对《诗经》的研究,从观念、内容、方法到表达,都与以前有很大不

① 傅斯年:《中国古代文学史讲义》,载欧阳哲生主编:《傅斯年全集》第2卷,湖南教育出版社2003年版,第53页。

同。傅斯年在“五四”时期的《宋朱熹的〈诗集传〉和〈诗序辨〉》及后在中山大学作为讲义用的《〈诗经〉讲义稿》，虽然至今仍无人专门论及，但实为当时《诗经》研究中不可多得的力作。

“五四”时期，对备受清代汉学家攻击的朱熹的两部著作——《诗集传》和《诗序辨》，傅斯年有着自己独特的看法。他对清代汉学家的观点极不认同，而认为朱氏的这两部著作“实在比毛公的传，郑君的笺，高出几百倍。就是后人的重要著作，像陈启源的《毛诗稽古编》，陈奂的《毛诗传疏》，马端辰的《毛诗传笺通释》，虽然考证算胜场了，见识仍然是固陋的很，远敌不上朱晦庵”[①]。“关于《诗经》的著作，还没有超出他的。”在傅斯年看来，其他人关于《诗经》的解释：“都是依附着荒谬的《诗序》而作的，都有点‘根本错谬’的毛病，所以一经讲起礼；谈起故论‘诗人之义’来，便刺刺不休的胡说一片。朱子这本《集传》，在训诂上不免粗疏，却少有‘根本误谬’的毛病。”而且，“诗义一层，朱子这两部著作可真自豪了。朱子是推翻《诗序》的，他推翻《诗序》的法子，只以《诗经》的本义证他的不通。这真可谓卓识了”。[②] 这种认识表明了傅斯年崇尚实事求是的科学精神。

《〈诗经〉讲义稿》系傅斯年在中山大学为学生开设《诗经》的讲义，共 12 篇，比较全面地阐述了对《诗经》的认识，内容涉及对《诗经》的看法，《诗经》研究历史的回顾，《诗经》的研究方法和《诗经》的年代、分类、影响、文辞等问题。在讲义中，傅斯年开篇

---

① 傅斯年：《宋朱熹的〈诗集传〉和〈诗序辨〉》，载《人生问题发端——傅斯年学术散论》，学林出版社 1997 年版，第 200 页。

② 傅斯年：《宋朱熹的〈诗集传〉和〈诗序辨〉》，载《人生问题发端——傅斯年学术散论》，学林出版社 1997 年版，第 209～210 页。

即提出对《诗经》的看法:"《诗经》是古代传流下来的一个绝好宝贝,他的文学的价值有些顶超越的质素。"[①]这表明在五四新文化运动以后,《诗经》逐步恢复了它作为文学的真实面目。

关于《诗经》成书的大体年代,傅斯年认为雅、颂中有不少是西周的诗。而在这其中,无韵的颂产生的最早,风是民间歌谣,时代难以断定,但大体上说,"'诗三百'之时代一部分在西周之下半,一部分在春秋之初期中期"[②]。对《诗经》和孔子的关系,古代有孔子删诗之说,但傅斯年并不同意此观点。他认为孔子并未删诗,只是编过里面的雅、颂部分。删诗之说实为"汉儒造作之论",因为早在孔子之前,"诗三百"一词已在《论语》中常用,如果删诗三千为三百是孔子的事,那么孔子断不会将这个名词用得这么现成了。[③]

在傅斯年看来,研究《诗经》应该有三种态度:"一、欣赏它的文辞;二、拿它当一堆极有价值的历史材料去整理;三、拿它当一部极有价值的古代言语学材料书。"同时他还指出:"言语学、考证学的工夫乃是基本功夫。"[④]为此,他提出了研究《诗经》的原则:先在《诗经》本文中求诗义,不管经书所载,还是近儒所说,都以本文为准,合者从之,不合者舍之;声音、训诂、词语、名物之学

① 傅斯年:《〈诗经〉讲义稿》,载欧阳哲生主编:《傅斯年全集》第2卷,湖南教育出版社2003年版,第139页。

② 傅斯年:《〈诗经〉讲义稿》,载欧阳哲生主编:《傅斯年全集》第2卷,湖南教育出版社2003年版,第140页。

③ 傅斯年:《〈诗经〉讲义稿》,载欧阳哲生主编:《傅斯年全集》第2卷,湖南教育出版社2003年版,第141页。

④ 傅斯年:《〈诗经〉讲义稿》,载欧阳哲生主编:《傅斯年全集》第2卷,湖南教育出版社2003年版,第148页。

乃经学之真根基，应继近儒之工作而继续努力；礼乐制度的研究可在三礼进行科学整理后，再动手研究。可见，傅斯年对《诗经》的研究，一方面以求实的、实证的方法论为主，另一方面又力求恢复《诗经》的本来面目。

关于《诗经》对后世的影响，傅斯年认为其虽然是文学，但在儒家文献中影响极大，在文学上的影响却不大。只有风后来演变成一种文体——枚马之赋；雅、颂则只成为用来作雕虫小技的饰品而已，并未成为有生命力的文学。对于《诗经》的文辞，傅斯年极力称赞，并专设“诗三百之文辞”一节加以论述。傅斯年认为研究《诗经》的文辞，首先应知道它是自山谣野歌以至朝廷曾享用的乐章集，本是为歌而作，为乐而设的，不要用词人的眼光去评析；其次是不要淹没了“诗三百中挚情之直叙”。《诗经》中那些直叙的话，虽未刻意修饰，然而都是美文：“《诗三百》中一切美辞之美，及其超越楚辞和其他侈文处，在乎直陈其事，而风采情趣声光自见，不流曲折以成诡词，不加刻饰以成蔓骈，俗言即是实言，白话乃是真话，直说乃是信说。”据此，傅斯年认为“诗经之最大艺术，在其不用艺术处”。[①]

五四新文化运动时期所提倡的“科学”与“民主”精神，使人们在具体的古典文学研究方法中也渗透了求实的科学精神。1922 年，顾颉刚在和胡适、钱玄同等人的通信讨论中就指出，《诗经》不过是中国最早的一部诗歌总集，后来在和俞平伯、周作人、何定生、刘大白、张寿林、王伯祥、钟敬文等人的讨论中，对

---

① 傅斯年：《〈诗经〉讲义稿》，载欧阳哲生主编：《傅斯年全集》第 2 卷，湖南教育出版社 2003 年版，第 231 页。

《诗经》的性质问题又有了更为明确的认识。受此影响，傅斯年对《诗经》的研究，亦采用了一些新的观点和治学方法，作出了不同于前人的解释，在一些具体问题上，能够发常人所未发，提出一些远见卓识，从而将《诗经》的研究向前推进了一大步。

(二)五言诗起源

20 世纪 20 年代末 30 年代初，学术界兴起了关于五言诗起源问题的讨论，当时的学者们几乎搜遍了他们所能见到的西汉以前关于五言诗的资料，傅斯年也参与到此讨论中，并在《中国古代文学史讲义》中专设一节“五言诗起源”，对该问题进行了研究。

傅斯年对当时颇为流行的“五言诗起于枚乘”、“五言诗起于李陵”的观点进行了批判。随后提出了自己的认识：

> 所有文学史上的大体裁，并不以中国为限，都是民众经过若干时期造成的，在散文尚且如此(中国近代之白话小说出于平话、《水浒》传奇等，尚经数百年在民众中之变迁而成今体，西洋之 Romance 字义先带地方人民性，不待说，即 novel，渊源上亦经若干世之演化，流变上亦经若干人之修改，然后成近体也)。何况韵文，何况凭传于民间歌乐的诗。①

因此他说：“果然有人问五言是何时人创的，我们只好回答他，五言是汉朝的民间出产品，若干时代渐渐成就的出产品。”②

① 傅斯年：《中国古代文学史讲义》，载欧阳哲生主编：《傅斯年全集》第 2 卷，湖南教育出版社 2003 年版，第 130 页。

② 傅斯年：《中国古代文学史讲义》，载欧阳哲生主编：《傅斯年全集》第 2 卷，湖南教育出版社 2003 年版，第 131 页。

傅斯年对五言诗起源的这种看法，与其"民间文学本源论"的思想有很大的联系。他在国外留学时期就曾对胡适说过："中国一切文学都是从民间来的，同时每一种文学都经过一种生、老、病、死的状态。从民间起来的时候是'生'，然后像人的一生一样，由壮年而老年而死亡。"[①]胡适受此影响甚深。他在《国语文学史》中认为民间文学是一切新文学的源头活水，也是推动文学发展的巨大动力，与傅斯年的认识如出一辙。傅斯年对文学的这种认识，虽不很科学，但他重视民间文学的价值，看到了民间文学在推动中国文学发展过程中所起的作用，还是应该肯定的。

八、楚辞起源与其作家评价

在楚词的起源问题上，傅斯年亦持"民间文学本源论"的观点。他在"楚词余音"一节中这样写道：

> 楚辞的起源当然上和四言下和五言七言乃至散文的平话一个道理，最初只是民间流传的一体，人民自造又自享用的。后来文人借了来，作为他自己创作的题材，遂渐渐的变大规模，成大体制，也渐渐的失去民间艺文的自然，失去下层的凭藉，可以不知不觉着由歌词变为就格的诗，由内情变为外论，由精灵的动荡变为节奏的敷陈，由语文变为

① 胡适：《傅孟真先生的思想》，载王为松主编：《傅斯年印象》，学林出版社1997年版，第82页。

文言。[①]

傅斯年在对每一阶段的文学进行研究时，都能抓住这个时期的文学创作的主要倾向，并对之作深刻、精辟的分析。比如，在《中国古代文学史讲义》中，有一节“最早的传疑文人——屈原、宋玉、景差”，是专门论述楚词的。由于楚词的代表人物为这三人，所以将题目如此命名。他在文中认为：“中国文学演进到楚辞，已经有指名的文学家了。”“中国古代文词演化到屈原，已经有‘文人’了，文词的作者问题成为重要问题了，这是和‘诗三百’的时代迥然不同的，这件事实是文学史上一个断代的事实。”[②]这种认识抓住了当时文学主要的发展方向和主要特点，让人读后能对楚词的特点有比较准确的把握。

总之，傅斯年早年志于文学，并由此打下了深厚的国学根基，虽然后来他在史学领域取得了巨大的成就，但这并不能掩盖他在文学领域的造诣。正如毛子水所言：“以孟真先生的卓荦的天姿，若使不从事学术和教育，而致力于文学，则我国文坛，或许已显呈奇光异彩了！”[③]

① 傅斯年：《中国古代文学史讲义》，载欧阳哲生主编：《傅斯年全集》第 2 卷，湖南教育出版社 2003 年版，第 85 页。

② 傅斯年：《中国古代文学史讲义》，载欧阳哲生主编：《傅斯年全集》第 2 卷，湖南教育出版社 2003 年版，第 82、83 页。

③ 毛子水：《傅孟真先生和文学》，载王为松主编：《傅斯年印象》，学林出版社 1997 年版，第 130 页。

第六章　傅斯年与中国传统文化向近代的转型

当西方文化以野蛮的方式为自己开辟出征服世界的通道，用最不平等的条约将中华民族挟进资本主义的世界秩序之中时，中国传统文化就被全方位地置于一个崭新的文化参照系中，遭遇到了前所未有的挑战。而正是在与异质文化——西方资本主义文化的灵与肉、笔与剑的全面碰撞中，中国传统文化完成了向近代的转型。

一、传统文化向近代转型进程中的傅斯年

从“戊戌”，经“辛亥”，到“五四”，三十多年的新文化启蒙运动对中国传统文化向近代的转型产生了极其重要的影响。首先，由于这场新文化运动启蒙，中国基本上完成了知识界和民众从传统到近代的心理转变，人们接受了西方文化所带来的价值变化，具备了适应近代人类文明的基本条件。其次，新文化运动

启蒙直接促成和加速了国人对中国传统文化本质的认识，其前的“师夷长技以制夷”、“中体西用”等文化观念根本不能完成半殖民地半封建的中国社会性质所赋予的时代使命。人们在对中西文化进行对比的过程中，对中国传统文化的认识达到了一个新的阶段。

“傅斯年是一个真正的学者，但同时还是一个现代意义上的知识分子。”[①]在中国传统文化向近代转型的进程中，傅斯年扮演了极其重要的角色。无论是他本人在中国传统文化领域内的卓越贡献，还是领导史语所同仁在语言学、历史学、考古学等中国传统文化领域内的开拓之功，无不闪烁着其为中国传统文化向近代转型所付出的智慧和努力。

首先，作为一名国学大师，傅斯年开创了中国传统文化向近代转型的新时代。在他领导史语所的二十多年里，学者们经过努力，取得了丰硕成果。一是在他的领导与组织下，史语所对以安阳为中心的殷墟进行了 15 次大规模的考古发掘，出土了大批甲骨文和殷商文物，不仅证明了甲骨文的真实性，确立了辨别世传甲骨文真伪的标准，而且为殷商史的研究提供了丰富的史料。组织山东古迹研究会、河南研究会等考古团体，对城子崖、浚县等的发掘，意义也非同一般。二是对明清大内档案进行了抢救与初步整理，编了简目，并以集刊、专刊、单刊等形式出版了不少资料与专著。同时，对《明实录》进行了校勘整理，为研究明清史提供了重要的、可信的资料。此外，史语所同仁还对敦煌卷子和

① 谢泳：《学术之外的傅斯年》，载王为松主编：《傅斯年印象》，学林出版社 1997 年版，第 149 页。

汉魏竹简进行了整理与研究。三是从中国传统的语言文字学及西方的语言考据学中汲取营养，摆脱了中国传统的语言文字学的研究方法，聘请具有近代科学知识的语言语音学家，运用科学的工具和实验的方法对中国的语言展开研究，对两广、河北、苏闽、川陕等 14 个省区的语言，进行了广泛的调研，同时对边疆地区的许多少数民族的语言进行了采集，有的还作了录音。此外还在南京的北极阁建立了语言实验室，对各种方言进行分析。由于史语所学者的努力，中国近代语言学才得以建立。四是遵循傅斯年使用直接材料、搜求新材料的原则，史语所的人类学研究工作在广泛范围内展开，先后对广西的瑶族、湘西的苗族、台湾的番族、松花江下游的赫哲族、浙江的畲族、云南的傣族以及云贵、四川的古羌族进行了调查，内容包括体质、文物、风俗、制度等。同时，对殷墟出土的人体骨骼，进行了分析研究，这些在我国民族学与古人类学研究史上，都具开拓之功。五是史语所通过其工作实践，锻炼培养了一大批学术人才。后来在大陆和台湾颇有声望的陈寅恪、李济、董作宾、赵元任、徐中舒、夏鼐、周一良、邓广铭、胡厚宣、梁思永、石璋如、劳干、严耕望、丁声树等都曾在史语所工作过。

其次，傅斯年本人在中国传统文化领域也颇有贡献。如前所述，早在北大期间，傅斯年就曾发表过《中国文学史分期之研究》、《文学革新申义》、《文言合一草议》、《汉语改用拼音文字的初步谈》、《清代学问的门径书》等名振一时的文章，显示出其旺盛的创造力及敏锐的观察力。及留学归国后，他的思想渐趋成熟，发表了《历史语言研究所工作之旨趣》、《大东小东说》、《论所谓五等爵》、《夷夏东西说》、《周东封与殷遗民》、《考古学的新方法》等，并撰写了《中国古代文学史讲义》、《〈诗经〉讲义稿》、《史学方法导论》、《史记研究》、《战国子家论述》、《性命古训辨证》、《东北史纲》等学术专著。在这些论著中，他基于其实证的、科学的学术理念，对商周史、古代民族史、古代思想史、古代学术史、先秦诸子、古代文献、古代文学史等问题进行了广泛深入的研究，有力地推动了中国传统文化向近代的转型。

二、比较与审视

傅斯年与当时的著名国学大师胡适、顾颉刚、陈寅恪、丁文江、李济、蒋梦麟等交往甚密。作为"五四"影响下成长起来的一代知识分子，他们都出身于中国旧传统，对中国的旧学问都有相当的造诣，都或多或少地在不同领域内对中国旧学有所贡献。他们都以进化学说作为指导思想，高扬爱国主义的精神，运用理性的研究方法以力图推动中国传统文化向近代的转型。然而在对待传统文化的具体态度上，他们又有所不同。通过对他们传统文化观的比较，更能彰显傅斯年对中国传统文化认识的特点。

（一）与胡适比较

邓广铭先生曾经说过，傅斯年和胡适一样，"誉满天下，谤满天下"。亦师亦友的亲密关系，使二人终生结下了难解之缘，但胡、傅之私交莫逆并非意味着二人对中国传统文化的态度完全一致。

由于长期受西方文化的熏染，胡适逐渐形成了虚无主义的民族文化观。他以西方文化作为价值标准，从中国社会的表象入手，搜寻中国社会表层的腐朽落后的东西，以此全盘否定中国传统文化。比如，他将几千年形成的中国传统文化指斥为“小脚、八股、太监、姨太太、骈文、律诗、五世同堂的大家庭”等，主张“全盘西化”。傅斯年虽然也对中国传统文化进行过尖锐的批判，但他是站在中国文化的本位立场上，用西方文化参照中国传统文化，他虽然曾深刻揭露中国社会的、文化的弊病，但从根本上却肯定中国文化的生机和活力。比如，他认为中国文化自有其存在的价值，“欧化之说”乃是“皮毛渣滓，不足论也”。在他看来，“全盘西化”在理论上是错误的，不能自圆其说。

在中国传统文化向近代转型这一重大历史命题面前，二人持见更是不同。胡适一生以提倡“科学的方法”为己任，其“大胆地假设，小心地求证”以用语新颖、通俗而为世人所熟知，但他使用的治学方法，虽然有“历史演进”的观点，然而，“自始走的就是考据学的路子，考据学既是他学术的起点，也是他学术的终点”[①]。他的“整理国故”，其学术成就依然没有超出中国传统学术的范围。与胡适不同，傅斯年并不以宣传、使用新方法作为治学的目的和归宿，也不以“整理国故”为要务，他所追求的目标是用其实证的、科学的学术理念，促进中国传统文化向近代的转型。他领导的史语所对中国语言学、考古学、史学向近代转型的作用，他对中国传统哲学的认识与改造，他对中国文学的重新认识，无不以此为基点。可见，胡适喊着科学方法的口号，还是走了传统治学的老路子；傅斯年则是利用新的学术观点和方法，开辟了中国传统文化发展的新局面。

---

① 郑大华：《胡适与梁漱溟——文化保守主义与西化思潮的比较》，中华书局1994年版，第169页。

胡适一生的学术活动主要在史学、文学和哲学方面。在史学方面，胡适的兴趣集中于中国思想史和禅宗史。1926 年，胡适为中英庚款一事赴欧，得到机会到伦敦大英博物馆和巴黎法国国家图书馆查阅敦煌写经卷子，从中发现了关于禅宗大和尚神会的 2 万多字的语录，但在当时的中国，原有的关于神会的材料不过 600 多字，这同神会在禅宗史上的地位极不相称。因此回国后，胡适就将他的发现陆续整理，并于 1930 年出版了《神会和尚遗集》，其中附了一篇几万字的《神会传》，成为研究禅宗史不可或缺的资料。在文学方面，胡适以一篇《文学改良刍议》推动了文学革命运动的发展，从而成为与陈独秀齐名的新文化运动领袖。而他对中国几部古典小说的考证，比如《〈水浒传〉考证》、《〈红楼梦〉考证》等，则奠定了他在文学领域内"开风气之先"的学术地位。在哲学上，胡适初入北大时，即用新方法讲授中国古代哲学，并引起不小的震动。1919 年 2 月，其《中国哲学大纲》上卷的出版，更是为他在学术界的地位奠定了不拔之基，以至于像蔡元培这样的大人物都为之作序。

与胡适一样，傅斯年对史学、文学、哲学等亦有涉猎，并颇多创获。在史学方面，傅斯年在 20 世纪中国史学史上树起了"史料建设学派"的大旗，并写下了一些很有分量的论著；创办史语所，历经艰难困苦，主持史语所二十多年，使该所聚集了一大批一流的学者，完成了包括殷墟发掘、明清档案抢救与整理和进行语言学、民族学调查等在内的大量卓有成效的工作。在这些工作中，傅斯年显示出宏阔的学术视野和驾驭大场面的卓越的学术行政才能，远非胡适所能比。在文学上，傅斯年紧紧追随胡适，积极倡导文学革命，主张白话文学和国语统一。后及留学归国，又对中国古代文学史分期、《诗经》、《尚书》、五言诗、楚辞起源等问题进行了研究，其学术研究方法与胡适相差无异。在哲学上，傅斯年早年受“科学”思潮的影响，并以之作为评判清代学术进步的标准。他还综合中西方语言学的长处，以“以语言学的观点解决思想史中之问题”的学术理念为基点，综论诸子百家、古代的天命观、人性论以及宋代理学，并撰写了30余万字的洋洋大作《性命古训辨证》，是为哲学史研究方法的创新之作。

（二）与顾颉刚比较

傅、顾相识于北大，二人志同道合，共同创办了《新潮》杂志，宣扬科学的主义、批判的精神和革新的文词。他们同为新文化运动启蒙的领袖，同为我国近代史学史上具有重大影响的两大史学派别的创始人。他们都在史学领域之外，开拓了其他学术领域的研究。顾颉刚开拓了民俗学、历史地理学的研究，傅斯年则对中国的语言学、考古学的建立功不可没。然而二人在对中国传统文化的认识和应用上还是存在差异的。

首先，作为一名史学家，顾颉刚在史学研究中秉承疑古精神，其史学成就在于“破”。他提出的“层累地造成中国古史”观，划时代地把中国封建传统的古史系统从旧的雾霾中解放出来，力倡对古史资料批判地对待，促进了中国史学步入新时代，显示出他对中国历史学科领域所起的巨大而深刻的影响。而傅斯年在史学研究中的目标则是建立“科学的历史学”。基于此，他提出“上穷碧落下黄泉，动手动脚找东西”。因此可以说，发现真材料，建设新学问，是傅斯年治学的最终目的，其史学成就在于“立”。这表现在：第一，进行考古发掘，从地下发掘了大批真材料，为古史研究开辟了新方向，即由对古史的破坏转为对古史的重建。第二，整理明清大内档案。明清内阁所存档案均为第一手资料，价值相当珍贵。在傅斯年领导下，经过史语所工作人员的努力，很快就整理出版了《明清史料》丛刊，从而为研究明清史的学者提供了可靠的资料保证。

其次，在治学范围上，顾颉刚以中国传统学术为根基，其主要的研究对象是历史文献。他虽作过实地调查，开辟了民俗学、历史地理学等研究领域，但其大旨不出中国传统学术的范域。傅斯年则将西方的学术理论与中国传统文化相结合，在传统学术之外，又开辟出许多领域，如田野考古发掘、档案资料的搜集与整理、古文字器物的研究、民族学和人类学的调查、语言语音学的调查和研究等，凡此种种，不一而足。

最后，在中国传统文化向近代转型的进程中，顾颉刚的贡献在于他本人的学术成就，傅斯年更多的则是表现在他的领导才能上。早在20世纪20年代，顾颉刚就提出了“层累地造成中国古史”观，在中国史学界引发了革命性的震荡，他本人也成为古史辨学派的开拓者。他编辑的《古史辨》共7册，收录文章350余篇，另外，他还著有《史林杂识》、《中国当代史学》、《秦汉的方士与儒生》、《崔东壁遗书》及有关《尚书》研究的大量论著，并编印有配合《尚书研究》教学用的系列丛书及30多种《民俗小丛书》等，著作数量之多，震撼力之大，在史学界很少能有人与之匹敌。与顾颉刚相比，傅斯年本人的著作并不算多，他将主要的精力投入到了学术机构的管理和学术研究的组织上。但也正因如此，才有了殷墟发掘、明清大内档案的整理与出版、语言学语音学的调查、民族学与人类学的研究和大批学术人才的涌现。从这个意义上讲，傅斯年的贡献远非顾颉刚可比。

（三）与陈寅恪比较

傅斯年在北大求学期间，经陈寅恪之弟陈登恪的介绍，认识了陈寅恪，但由于二人当时在不同的地方求学，相互交往并不多。1923 年，二人在德国柏林大学研究院聚会，同学四年，关系日趋密切，被誉为“宁国府门前的一对石狮子”。回国后，二人又共同在中央研究院历史语言研究所工作，学术上互相砌磋，生活上患难相扶，成为终生不渝的挚友。

陈寅恪一生坚持“中国文化本位”的立场，他不同意“五四”时期把一切罪恶都归之于中国传统文化、必欲彻底铲除而后快的认识。相反，他认为中国文化自有其独立而不可磨灭的价值，是几千年来自然而然地发展出来的，与中国人的生活方式相适应。在西方文化入侵以后，中国文化发生了重大的变化，不得不在变中求生存与发展，但是无论如何改变，中国文化的主体地位始终不会被完全抛弃。如果抛弃了这个主体，则民族与国家都将失去尊严，而这样的变也就毫无意义了。傅斯年对中国传统文化的认识是有变化的。“五四”时期他对中国传统文化持批判态度，对代表旧文学的“桐城谬种”、“选学妖孽”及“文以载道”的封建文风、中国的汉字、戏剧等等都曾有过全面的激烈指责。然而留学归国后，基于对西方文化和中国文化的真切了解，他对中西文化形成了新的看法，即“不分东方与西方真理只有一个”。此后，他很少使用“东方文化”、“西方文化”等概念。他认为中西文化各有长短，通过比较，可以汲取西方文化中的长处，来救治中国传统文化中的弊端。其基于实证的、科学的学术理念，致力于对中国传统文化的研究、建设工作，力图推进中国传统文化向近代的转型，就是基于此种考虑。

在对中国传统文化的认识与改造上，陈寅恪因通晓多国语言文字、学术及中国少数民族的现代文字、古文字，而奠定了其在学术界的“权威”地位，但他的学术方向与归宿，基本上还是在史学方面。他的《隋唐制度源渊论稿》、《唐代政治制度述论稿》、《元白诗笺证》、《柳如是别传》等都是传世不朽之作。傅斯年虽曾潜心于心理学、语言学和自然科学，但其治学的兴趣亦在历史学。他创办史语所，提出“上穷碧落下黄泉，动手动脚找东西”，以搜集史料作为史学重建的生命。所不同的是，二人虽同受中国语言考据学和德国以兰克为代表的实证主义史学的影响，但陈寅恪更多地承袭了“通古今之变”的中国史学传统。他通过最严格、最精致的考据工作来研究中国历史上的一些关键问题，并企图从中获得关于当前处境的启示。这正是司马迁以来所谓“通古今之变”的史学传统。傅斯年则主要汲取了考证的学术方法，更为注重的是建立客观的史学，“史学只是史料学”、“一分材料出一分货”，注重史料的搜集，反对疏通。他缺乏陈寅格这种“究天人之际，通古今之变”的胸襟与眼光，因而其史学成就缺乏宏大的理论，而拘泥于具体的考证上。

在具体的学术研究中，同傅斯年一样，陈寅恪非常重视在学术研究中占有可靠的资料，坚持实事求是的学风，但他并不同意傅斯年“史学只是史料学”的观点，而是主张通过考证的方法来发掘历史事实及内在联系，从而展示出事物发展的全过程。陈寅恪史学研究的另一重要途径是以诗证史。他所提倡的用诗文证史包括两个方面的内容：其一，以诗文为史料，或补正史乘，或别备异说，或互相证发；其二，以史释诗，通解诗意。《元白诗笺证》一书便是他倡导诗文证史的集大成之作。与陈寅恪相比，傅斯年更为注重以考古证史。他在史语所内设立考古组，正是基于“考古学是史学的一部分”的认识。他认为科学考古所得到的材料，才是最直接、最可靠的史料。正是在这种认识下，傅斯年才领导史语所考古组同仁，对殷墟、城子崖等古代遗址进行了发掘，并对考古工作进行了统筹规划以及人才培养、资金筹措、解决纠纷、组织考古团体等方面的工作，这无不显示出傅斯年希望用考古所发掘的成果来促进中国史学近代化的拳拳之心。

（四）与丁文江比较

傅斯年因“科玄论战”而对丁文江有所了解，因实证主义科学观和胡适密切联系，1932 年，他们与胡适共同创办了《独立评论》，倡言国事，主张抗日。1934 年，丁文江担任中央研究院总干事，二人至此有了更多的接触机会。1935 年 12 月 8 日，丁文江煤气中毒，因抢救无效，最终于 1936 年 1 月 5 日逝世。此间傅斯年为救治丁文江，竭尽全力。丁氏死后，傅斯年在《独立评论》上连续发表《我所认识的丁文江先生》、《丁文江一个文物的几片光彩》等文来纪念他，足见二人情谊之深。

丁文江早年留学欧洲，正如傅斯年所言，西方文化的多年熏染，使他成为“欧化中国过程中产生的最高菁华”[1]。丁文江将欧洲近代哲学家和科学家的理论如皮尔生的现象学、高尔顿的优生学及达尔文、赫胥黎的进化理论融合起来，形成了其科学的人生观。他认为应科学地对待所有人生问题，并借此来批判中国传统文化。1923 年的“科玄论战”给丁文江提供了历史舞台，

---

① 傅斯年：《我所认识的丁文江先生》，载雷启之主编：《丁文江印象》，学林出版社 1997 年版，第 13 页。

使他有机会宣扬他的科学的人生观。在这场论战中,他对传统文化进行了激烈的批判。他曾在《中国文明从何而来》中对儒学进行了激烈的批判。与傅斯年一样,丁文江也曾拜读过马赫的《感觉的分析》一书,并深受胡适的影响,从而形成了他实证主义的科学观。但不同的是,丁文江注重以自然科学辅助人文科学,并将毕生奉献于地质科学。傅斯年则在人文科学领域树起了一面大旗,引领了时代的潮流。

丁文江站在西方文化的立场上,宣扬"科学救国",从科学的角度来评判传统文化,与傅斯年以"真理"为标准来评判传统文化,是截然不同的。值得指出的是,丁文江虽一生以宣扬"科学"为己任,但他更是一个实干家。他是近代中国最优秀的科学家之一,是中国地质科学的先驱人物,在他的参与领导下,地质学成为中国最早得到发展并且享有声誉的近代学科。这与傅斯年以史语所为大本营,致力于中国学术事业的重建,如出一辙。

(五)与李济比较

李济被称为是中国近代学者中"运用科学方法研究我国民族及上古文化之第一人"[①]。从 1925 年起,他先后领导主持过许多古代遗址的考古发掘工作。其中,由他和傅斯年共同主持的安阳殷墟发掘,在世界考古学史上更是一件炫赫一时的大事。李济根据发掘所得的新材料,建立了殷代器物学的标准,从而扩大了中国古器物学的研究范围;同时,李济又综合地下遗物与文献记载,说明了殷商青铜文化的辉煌成就,使世人对中国古代文

① 苗逸夫:《李济先生在考古人类学上的贡献》,载《李济传记资料》,台湾天一出版社 1980 年版,第 47 页。

化有了新的认识，近代考古学与人类学也因此在中国得以建立。

在中国近代考古学、人类学的建立过程中，李济躬身实践，身体力行；而傅斯年的作用则在领导、统筹规划和工作支持等方面。与丁文江一样，李济亦以宣扬“科学”为己任，认为近代中国“最需要的是西方的科学”[①]，并将之运用于中国近代考古学、人类学的建立过程中，这与傅斯年接受“科学”理念，将之用于对中国传统学术的改造，有相通之处。

（六）与蒋梦麟比较

蒋梦麟，浙江余姚人，生于 1886 年。与胡适一样，蒋梦麟早年留学美国哥伦比亚大学，师从杜威。回国后曾任北京大学校长、浙江大学校长、国民政府教育部长、西南联大校务常委等职。

蒋梦麟深受西方文化的熏陶，与胡适一样，他对中国传统文化向近代转型的认识是以西方文化为立场的。他积大半生的人生经验，用英文写成的以《西潮》命名的自传，即是说明近代西方工业化思想对中国的冲击，强调中国社会正是在这股“西潮”的冲击下，才开始了近代化进程。在他看来，“只以为我们自己的文化好，对外国来的瞧不上，这是很危险的事情”[②]，因而主张“有许多地方，中国仍得向西方学习”[③]，将中国传统文化向近代转型的希望寄托在向西方学习上。在如何完成这一重大历史使命问题上，蒋梦麟和丁文江、李济一样，认为“科学”不失为拯救

① 李济：《他的贡献和他的悲剧》，载《李济传记资料》，台湾天一出版社 1980 年版，第 52 页。

② 关鸿、魏平主编：《现代世界中的中国——蒋梦麟社会文谈》，学林出版社 1997 年版，第 36 页。

③ 蒋梦麟：《西潮》，辽宁教育出版社 1997 年版，第 252 页。

中国的重要途径，“以中国文化同化能力之强，她必定能慢慢地吸收西方在科学上的贡献；以中国天然资源之富，人民智慧之高，科学的发展将使她前途呈现无限光明”[①]，力主以西方文化中的“科学”思想来推动中国传统文化向近代的转型。这与傅斯年以“科学”为学术理念，用于对中国传统学术的改造，有异曲同工之妙。

值得指出的是，蒋梦麟在接受西学时，深受西方进化论学说的影响。他认为，进化论比中国传统的盛世轮回说要深刻，“是西方对中国的最大贡献”[②]。因为进化论强调“物竞天择，适者生存”，换句话说，社会的变化、发展不是自然生成的，而是社会成员努力工作、相互竞争的结果。与蒋梦麟相比，傅斯年虽也深受进化论学说的影响与陶炼，但与他科学的、实证的学术理念相比，已微不足道。傅斯年更津津乐道于将其实证的、科学的学术理念用于对中国传统文化的改造，并终其一生，并无根本的改变。

北京大学是国学大厦，又是新文化圣殿。民国时期，北大的发展壮大与蔡元培、胡适、蒋梦麟、傅斯年等四人的关系极为密切。他们都曾出任北大校长，对北大的发展厥功甚伟，功不可没，但又有贡献大小的区别。

20 世纪 30 年代是北大辉煌的盛世，教授阵营盛极一时。名家胡适、傅斯年、钱穆、孟森、汤用彤等均是北大的教授。当时的校长是蒋梦麟，但推动北大盛世出现的却是胡适、傅斯年，尤

① 蒋梦麟：《西潮》，辽宁教育出版社 1997 年版，第 253～254 页。

② 蒋梦麟：《西潮》，辽宁教育出版社 1997 年版，第 230 页。

其是傅斯年。对此，蒋梦麟有过回忆：

> 当我在1930年回北京大学时，孟真因为历史语言研究所搬到北平，也在北平办公了。“九一八”事变后，北平正在多事之秋，我的“参谋”就是适之和孟真两位。事无大小，都就商于两位。他们两位代北大请到了好多位国内著名的教授，北大在北伐成功以后之复兴，他们两位的功劳，实在是太大了。[①]

抗战胜利后，国民政府任命胡适为北大校长。但当时胡适还在美国，故其回国之前，国民政府任命由傅斯年代理北大校长。傅斯年在接受这一任命后，决心为胡适回校铺好道路，解决当时北大的棘手问题。比如，对日本统治下的伪北大的教职员的处理问题，他态度坚决，一个不用，从而奠定了北大的优良传统。后来，在举行的纪念北大建校52周年的演讲中，傅斯年也曾提到了这一点。他说，蒋梦麟的学问比不上蔡元培，但办事却比蔡高明；他的学问比不上胡适，办事的能力又比胡高明。针对这一点，蒋梦麟曾戏谑地对傅斯年说：“孟真，你这话对极了。所以他们两位是北大的功臣，我们两个人不过是北大的功狗。”[②]由此也可以看出傅、蒋的办事能力。

① 朱家骅：《忆孟真》，载王为松主编：《傅斯年印象》，学林出版社1997年版，第24页。

② 朱家骅：《忆孟真》，载王为松主编：《傅斯年印象》，学林出版社1997年版，第24～25页。

三、傅斯年对中国传统文化认识的特点

在与时人的对比中，傅斯年对中国传统文化认识的特点便自然地呈现出来。

(一)时代性

傅斯年所处的时代正是中国半殖民地半封建化日益加深之时，内忧外患，战乱频繁，胸怀爱国之心的仁人志士处心积虑，奏响了“救亡”与“启蒙”的双重奏，希冀力挽狂澜，救国救民于水深火热之中，由此而形成的新文化运动从“戊戌”、经“辛亥”、到“五四”可谓是一波三折。特别是五四新文化运动更明确打出了“科学”与“民主”的旗帜，学习西方以图重振中华。

傅斯年适时地把握住了时代的脉搏，胸怀“重塑中华之未来”的梦想，在中国传统文化领域创榛辟莽，为中国近代史学、考古学、语言学、民族学、人类学等的形成和发展可谓是呕心沥血，殚精竭虑。在中国传统文化向近代转型的过程中，傅斯年无疑是一位比较典型的代表。他出身儒学世家，自幼即打下了深厚的国学根底，并对传统文化产生了浓厚的兴趣。升入北大时，由于受到新思潮的影响，转而提倡新文化。1919 年夏，赴欧洲留学，又先后学习过西方的自然科学实验心理学、生物学、数学等以及西方人文科学中久负盛名的语言学和实证主义史学等。归国后，他把从西方取回的“真经”，结合中国传统文化向近代转型的要求，创办了史语所，以“史学只是史料学”为宗旨，将一批一流的学者聚于其麾下，开创了中国传统文化发展的新局面。“九一八”事变后，“救亡”压倒“启蒙”成为时代的主题，傅斯年又撰

写了《东北史纲》，创办了《独立评论》，积极为抗战服务。“七七”事变后，他又任国民参政员，以学者的身份参与政治。抗战胜利后，他重新回到学术上来，并一度担任北大校长，积极实践其学术理想。在此过程中，他既顺应了中国传统文化向近代转型的潮流，同时又以中国士人所特有的“以天下为己任”的传统信念，推动了中国传统文化向近代的转型。

（二）实用性

“五四”一代的知识分子，大多数人的知识结构是亦中亦西、中西参半的，傅斯年也不例外。留学六年，他虽习得西方学者那种“为学术而学术”的超脱，开始摆脱“文以载道”和以学术论政治的传统，坚持“不分东方与西方真理只有一个”的文化信念，然而骨子里依然弥漫着“经世致用”的传统实学精神。在与其同时的学术大师的对比中可知，傅斯年很少谈论中西文化，宣扬自己的文化观，而是将其落于实处。他在中山大学创办语言历史研究所，出版《语言历史研究所周刊》，招收研究生；为学生开设“中国古代文学史”、“诗经”、“陶渊明诗”等课程；后又在中央研究院创建史语所，以深邃的学术理念和超强的组织能力，将近百名学者组织起来，按照既定的研究宗旨，领导安阳殷墟考古和语言学、人类学及民族学的调查，抢救、整理明清大内档案，出版《史语所集刊》、专刊、单刊及《明清史料》丛刊等，整理敦煌卷子和汉魏竹简，等等，显见其为推动中国传统文化向近代转型而东奔西走的“致用”精神。

“九一八”事变后，抗战救亡成为国人面对的首要任务。傅斯年亦与时俱进，使他的学术研究为抗战服务。日寇占领中国东北后，鼓吹“满蒙在历史上非支那领土”，妄图将东北地区从中国分裂出去。在这种情况下，傅斯年打破“考史而不著史”的戒律，运用民族学、语言学的理论，根据历史资料，写成《东北史纲》，证明东北自古即为中国的领土，驳斥了日寇的谬论。1932年，傅斯年与胡适、丁文江等人创办了《独立评论》，以学者的身份发表抗战言论，从事抗日的宣传、鼓动工作。1937年“七七”事变的爆发，使傅斯年一改以往“议政而不从政”的誓言，参加国民参政会，积极为抗战建国献言献策，代表国民党赴延安同中共谈判，积极从事政治活动。这些所作所为，无一不浸透着其为抗战救国而披肝沥胆的实用精神。

（三）矛盾性

傅斯年对中国传统文化的认识是极其复杂，充满矛盾的。他曾激烈地全盘否定过中国传统文化，但及留学归国后，却又倾全力于中国传统文化领域的研究；他曾力倡“科学的东方学”，用其实证的、科学的学术理念，建立所谓“客观”的史学，却又撰写出《东北史纲》，借此来宣扬民族抗战；他信仰英美式的自由主义，具有追求自由的独立意识，却又将国民政府视为唯一合法的政权，并且最终随其去了台湾；他公开抨击国民党的腐败行为，却又坚决反共。这种种难以缓解的矛盾，与其说是他思维的混乱，毋宁说是当时社会的大动荡、中西文化的猛烈碰撞、新旧矛盾的尖锐冲突、民族存亡的生死搏斗在他心灵深处的矛盾反映。

（四）广泛而缺乏理论性

在中国传统文化向近代转型的进程中，傅斯年涉及的领域是极其广泛的，哲学、史学、文学和考古学等自不必说，即使对人类学、民族学、语言学等长期以来为人们所忽略的学术领域，傅斯年亦不肯放过。但是，在推动中国传统文化向近代转型的过程中，基于其实证的、科学的学术理论，傅斯年更为注重对材料的搜集与整理，缺乏宏大而缜密的理论体系。这也是他领导下的史学组织为什么能名噪一时而不能保持长久生命力的原因。

四、傅斯年对中国传统文化认识的局限性

由于时代和本人条件的拘泥，傅斯年对中国传统文化的认识并非完美无缺。

（一）时代局限性

傅斯年所处的时代限制了其对中国传统文化的正确认识。时值半殖民地半封建社会，社会动荡不安，不可能为傅斯年提供施展其学术抱负的空间，同时，也无法为其营造和平安宁的学术环境和完备的科研条件。而且，亡国灭种之际，"以天下为己任"的时代使命感更使傅斯年不安坐于榻中，潜心向学。忧国忧民的救亡心态迫使他急于从西方搬来"真理"，重塑中华民族的精神长城。在"救亡"压倒"启蒙"的情势下，这种"急功近利"的心态使他一开始接触西方文化时，就怀着济世救民的目的，吸收西方文化中一切对我有用的东西，表现出强烈的文化再植意识和工具理性意识，但由于"缺少价值理性的终极关怀"，也就无法从根本上完成改造中国传统文化的历史任务。而且，传统文化向近代的转型是一个艰巨的历史任务，非一朝一夕即可完成。急于求成只能导致拔苗助长，他本人也陷入矛盾而无法自拔。

（二）认识局限性

在对中国传统文化向近代转型这个问题的具体认识上，傅

斯年也不免失之偏颇。要实现中国传统文化向近代的转型，必须要正确认识和处理“中学与西学”、“新学与旧学”、“传统与近代”、“西化与近代化”的相互关系，科学地回答文化建设的形式与内容、吸收与继承等问题。然而，近代以来，中国文化步步退却，中国传统学术也逐步让位于以“科学”为号召的近代西方学术，产生了一种新的学术方法。身在其中的傅斯年由于受胡适的“科学”理念和兰克实证主义学派的影响，对此更是乐此不疲。他提出要把“发生学引入到文学史中来”，把历史学“建设得和生物学、地质学等同样”，而且在实践中，他亦是大力践行，提出“史学只是史料学”，“上穷碧落下黄泉，动手动脚找东西”。从傅斯年的这些文化观念及实践中，我们不难看出其中的“唯科学主义”的印记。所谓“唯科学主义”，“是一种从传统遗产中兴起的信仰形式，科学本身的有限原则，在传统与遗产中得到普遍应用，并成为文化设定及该文化的公理。更严格地说，唯科学主义可定义为那种把所有的实在都置于自然秩序之内，并相信仅有科学方法才能认识这种秩序的所有方面（即生物的、社会的、物理的或心理的方面）的观点”①。这种认识虽一时能够形成颇为壮阔的学术新局面，却不利于中国传统文化真正向近代的转型。

（三）阶级局限性

傅斯年在开辟了一个思想解放的伟大的新文化运动中，在探寻中国古代文明的来龙去脉、宏扬中华民族的优秀文化、致力于塑造中华民族精神长城的过程中，实在贡献颇多。但是，作为

---

① 郭美颖：《中国现代思想中的唯科学主义》，江苏人民出版社 1995 年版，第17页。

资产阶级知识分子，傅斯年的身上集中了中国资产阶级先天的弱点，即软弱性与妥协性。他在政治上坚持改良主义，对代表人民群众利益的中国共产党始终怀有偏见和敌意，甚至在1945年赴延安与中共谈判时，仍认为中共内部缺乏建国的专门人才，不能完成建国的任务。也正是抱着这种想法，在新中国成立前夕，他最终追随蒋介石去了台湾。傅斯年的这种阶级局限性，使其在中国传统文化向近代转型的过程中，呈现出诸多不足。比如，由于对中国共产党的不信任，他将史语所迁到了台湾，并带走了一批珍贵的文物，使许多完整的文物分存异地，难以聚合，给后来的学术发展带来了诸多不便。当然，这不仅是傅斯年的悲剧，也是我们中华民族的悲剧。

（四）性情局限性

胡适在《傅孟真先生遗集》中，曾这样评价傅斯年：

> 孟真是人间最稀有的天才。他的记忆力最强，理解力也最强。他能作最细密的绣花针工夫，他又有最大胆的大刀阔斧本领。他是最能作学问的学人，同时他又是最能办事、最有组织才干的天生领袖人物。他的情感是最有热力，往往带有爆炸性的；同时他又是最温柔、最富于理智、最有条理的一个可爱可亲的人。这都是人世最难得合并在一个人身上的才性，而我们的孟真确能一身兼有这些最难兼有的品性与才能。①

正是由于这样的性情，傅斯年才成为中国近代文化史上不可忽

① 胡适：《〈傅孟真先生遗著〉序》，载王为松主编：《傅斯年印象》，学林出版社1997年版，第75页。

略的人物。但也正是由于这样的性情，才使傅斯年将毕生全部精力都放在了为国、为民有益的文化事业上，而对自己的身体无暇顾及，最终因高血压病发作，导致英年早逝。傅斯年的早逝对国家、对民族来讲都是巨大的损失。可以说，傅斯年的性情成就了他，也葬送了他。

五、傅斯年在中国传统文化向近代转型进程中的地位

无论如何，在中国传统文化向近代转型的过程中，傅斯年都是不可多得的一位。不管是在具体的学术研究方面，还是在推动中国传统文化向近代转型的学术使命方面，傅斯年的成就和影响都是立体多维和不可磨灭的。

傅斯年是中国近代最优秀的学术大师之一。他与众不同的学术思想，古史研究方面的独到见解和特殊的学术地位；他的“史学只是史料学”、“建设科学的东方学”、“上穷碧落下黄泉，动手动脚找东西”的口号等，在中国学术界都曾起到过振聋发聩的作用；他在中国古代民族史、思想史研究方面的成就也被后世学人誉为“最有创造性、突破性”，并由此而有了“学林霸才”的美誉；他创办史语所，首创“集团研究”形式的学术中心，将不少名家聚于其麾下，从事着诸多方面的开创性工作。

傅斯年将自然科学知识与研究方法引入史学领域。他多次谈到，应把天文学、地质学、测量学的知识以及进化论、数学统计的方法等引入史学领域。虽然他所引进的自然科学的知识和方法，在内容及使用范围上有些狭窄，但这种以自然科学方法对人

文科学的开创性研究，为后世进行交叉学科的研究起了示范性作用。也正是因为这一点，傅斯年生前和身后都受到了人们的尊重。在他逝世后，台湾大学特意为其建了一座罗马式纪念亭。1951年12月20日，在其逝世1周年之际，台大将其骨灰安葬于纪念亭内的大理石墓葬中。后来，台湾又建立了"傅斯年图书馆"以示怀念。这些都足以说明傅斯年在人们心目中的地位。

然而，对近代中国学者而言，学术的使命已不单单是皓首穷经，传承文化，它同时意味着中国学者必须在纷乱的时局形势下，承担起以学术的绵力对一个濒临崩溃的民族精神的拯救，承担起对中华文明独立自尊的社会信仰的一种保证和许诺，身在其中的傅斯年亦不例外。他目睹山河破碎，人民苦难，抱着"天下兴亡，匹夫有责"的时代使命感，慷慨以拯救天下为己任，在各个学术领域苦苦探索，矢志钻研，目的就是为了从中国传统文化中深掘可资利用的凭借，从事传统文化与近代衔接的工作，以重塑中华民族的精神长城，使其再次屹立于世界民族之林，完成振兴中华的伟大使命。

19世纪末20世纪初以来，中国社会一直处于剧烈的动荡之中。从文化上看，它也处于一个重大的转型时期。在这个时期，中国学术文化界讨论的主题就是如何对待传统文化。一般来说，在文化转型时期，对传统文化往往存在着三种不同的力量：文化的激进主义、文化的自由主义和文化的保守主义。"五四"时期的激进主义派（如陈独秀）和自由主义派（如胡适）曾一度举起"反传统"的大旗，提倡"科学"与"民主"，向传统的正统文化（主要是儒家）开火。他们激烈地抨击传统文化，主要是有见于中国社会之落后，政治之腐败，且长期受西方列强欺凌，而又见于西方各国国势之强盛，社会之稳定。他们认为中国要富强，就必须学习西方，发动一场启蒙运动来彻底批判旧的传统文化。

在这种文化氛围的熏染下，在五四运动的大潮中，傅斯年也向封建的正统文化发起了猛烈的攻击，并倡言“极端的崇外，未尝不可”。但迨及留学回国，在国外住了七年的傅斯年，却少了“五四”时期的那股血气方刚的热情，而多了几分理性。他不再热衷于“极端的崇外”，而主张“不分东方与西方真理只有一个”，并在此后的学术生涯中倾力贯彻，终其一生。留学归国后的傅斯年，已不再主张西化，而是考虑如何结合中、西文化的长处，把中国传统文化中的精华部分重新发扬光大。因为中国传统文化中的精华部分，决不会因为时代的变迁而失去其意义，它们完全可以随着我们民族的发展而发展。正是传统文化中的这些有深远意义的思想和对这些思想在不同历史时期的新解释，我们的民族文化才可以在现时代文化发展的总趋势中，发挥其特殊的积极作用并贡献于整个人类。

“为天地立心，为生民立命，为往圣继绝学，为万世开太平。”宋儒张载这句千古传颂的学术箴言，在中西新旧之学激烈冲突与快速融合的近代中国文化界有着不同凡响的回应。傅斯年作为贯通中西、融汇古今的学术文化宗师与巨匠之一，在推动中国传统文化向近代转型的过程中，对这句箴言进行了身体力行、率先垂范的贯彻。“五四”前后，中国传统的文化结构开始了全面更新。在这全面更新的过程中，傅斯年既是首举义旗、冲锋陷阵的急先锋，又是登坛点将、呼风唤雨的新领袖。事实上，他已充当起了中国近代文化体系重建的设计师和中国近代文化精神改造的杰出代表。他尝试开启一个学术文化的新时代，从而导致了那个时代学术文化界全套的信仰、价值、观念、标准、规范、通则以及技术上的改变。同时，在狭义的中国传统文化学术研究范围里，他的具体研究成果对学术界也起了率先垂范的作用。傅斯年在哲学、历史、考古、文学以及语言学、人类学、民族学等方面的影响，在于革“新”了一个延续了几千年的旧的学术文化模式及其严密完整的价值体系，培养并领导一代知识精英和学术青年跨进了一个新的学术文化时代，同时还丰富发展了一个新的学术文化时代。而在这个过程完成的时候，他自己已被尊为新的一代学术文化领袖。

附录　傅斯年学术行年简谱一览表

时间	主要活动
1896 年	时值中日甲午战败,《马关条约》签订,中国半殖民地半封建化程度加深之际。3 月 26 日,傅斯年诞生于山东聊城一儒学世家。
1901 年	《辛丑条约》签订,中国沦入半殖民地半封建社会的深渊。 春,入聊城孙达宸之学塾。
1905 年	入东昌府立小学堂读书。
1908 年	冬,随侯延塽去天津读书。
1909 年	春,考入天津府立中学堂,开始学习"新学"。
1913 年	夏,考入北京大学预科乙班。
1916 年	考入北大本科国文门,其间崇信章太炎学说,深受北大国学大师刘师培、黄侃等人的器重。 11 月,蔡元培出任北大校长,采取兼容并蓄的办学方针,胡适、李大钊、陈独秀等许多具有新思想的学者先后去北大任教。受此熏染,走上了新文化运动的道路。
1918 年	夏,创办新潮社。 著《文学革新申义》、《文言合一草议》、《中国历史分期之研究》、《中国学术思想界之谬误》、《论哲学门隶属文科之流弊》、《戏剧改良各面观》、《再论戏剧改良》等。

续表

1919 年	1 月，《新潮》第一期出版，任主编，在《新潮》上声明该杂志登载的文章全部是白话文，不载文言文。 5 月，五四运动爆发，作为北大领袖，带领学生火烧曹宅，痛打章宗祥。不久，因故退出了学生会。 夏，在北大毕业，考取山东官费学生。 著《新潮发刊旨趣书》、《中国文学史分期之研究》、《怎样做白话文》、《汉语改用拼音文字的初步谈》、《失勒博士的形式逻辑》、《答余裴山》、《清代学问的门径书几种》、《宋朱熹〈诗经集传〉和〈诗序辨〉》、《白话文学与心理改革》、《对于中国今日谈哲学之感念》、《〈新潮〉之回顾与前瞻》等。
1920 年	1月，入英国伦敦大学，师从史培曼教授学习实验心理学，进而研究物理、化学、数学等自然科学，对英国哲学、历史、政治、文学等亦有涉猎。
1923 年	6 月，由英赴德，入柏林大学研究学习相对论、比较语言学及德国哲学、历史、地质、力学等课程。
1926 年	冬，回国。随即接受广州中山大学朱家骅邀请，携弟斯岩赴中山大学任教，担任文科学长和国文、历史两系主任，为学生开设《尚书》、《中国古代文学史》、《陶渊明诗》等课程。
1927 年	秋，创立语言历史研究所，招收研究生，同时创办《语言历史研究所周刊》。 著《评秦汉统一之由来和战国人对世界之想象》、《论孔子学说之所以适应于秦汉以来的社会的缘故》、《评〈春秋时代的孔子和汉代的孔子〉》、《评丁文江的〈历史人物与地理的关系〉》等。

续表

1928 年	6 月，中央研究院成立，标志着中国学术走上体制化发展道路。 10 月，历史语言研究所在广州成立，任所长，创办《历史语言研究所集刊》，并开始领导安阳殷墟发掘。 著《与顾颉刚论古史书》、《中国古代文学史讲义》、《〈诗经〉讲义稿》、《战国子家叙论》、《历史语言研究所工作之旨趣》、《周颂说》等。
1929 年	春，史语所迁至北京，除任史语所所长和研究员外，开始在北京大学授课。 9 月，为购买明清大内档案多方活动。将之收购后，成立了整理班子，由陈寅恪、徐中舒负责。 11 月，赴开封解决安阳殷墟考古发掘纠纷。
1930 年	主持史语所事务，兼在北京大学上课。 著《战国文籍中之篇式书体》、《大东小东说》、《论所谓五等爵》、《姜原》、《〈新获卜辞写本后记〉跋》、《本所发掘安阳殷墟之经过》、《〈明清史料发刊〉例言》、《安阳发掘报告》等。
1931 年	4 月，从北平到安阳小屯，视察安阳殷墟发掘情况。
1932 年	5 月，与胡适、丁文江等人创办《独立评论》，发表文章，积极主张抗日。 撰写《东北史纲》第 1 卷，证明“东北自古即是中国的领土”，驳斥日本所谓“满蒙在历史上非支那领土”的谬论。 著《教育崩溃之原因》、《教育改革中几个具体事件》、《改革高等教育中几个问题》、《再谈几件教育问题》等。
1933 年	4 月，领导史语所迁至上海，仍在北大兼课。 夏，兼任社会科学研究所所长及中央博物院筹备主任，后由李济兼任。
1934 年	迁史语所至南京，并建立了语音实验室。 著《周东封与殷遗民》、《〈城子崖〉序》、《大学研究院设置之讨论》等。

续表

1935 年	5 月，与法国著名汉学家伯希和去安阳视察殷墟挖掘情况。 著《夷夏东西说》、《论学校读经》等。
1936 年	4 月，筹备和主持中央研究院评议会。 著《跋〈明成祖生母问题汇证〉并答朱希祖先生》、《论谁是〈齐物论〉之作者》、《我所认识的丁文江先生》、《丁文江一个人物的几片光彩》、《〈明清史料〉复刊志》等。
1937 年	“八一三”期间，兼任中央研究院总干事。 8 月，在南京组成筹备委员会，主持北京大学、清华大学和南开大学南迁长沙，组成长沙临时大学。 8 月，主持中央研究院各研究所西迁事务，将史语所迁至长沙圣经学院。
1938 年	春，将史语所迁至昆明。 10 月，又将史语所自昆明城内迁至郊外。
1939 年	在昆明主持史语所事务。
1940 年	秋，再次兼任中央研究院总干事。 冬，将史语所迁到四川南溪县李庄村。 著《性命古训辨证》等。
1941 年	9 月，辞去中央研究院总干事职务。
1942 年	著《〈大明嘉靖三十三年大统历〉跋》。
1943 年	著《〈史料与史学〉发刊词》。
1945 年	9 月，参加全国教育善后会议。 10 月，任西南联大常委，处理西南联大学潮。 著《〈殷历谱〉序》。
1946 年	冬，把史语所迁回南京。

续表

1948 年	当选为中央研究院院士。 8 月,回国主持史语所事务。 冬,把史语所迁于台湾杨梅镇。 著《〈后汉书〉残本跋》、《北宋刊南宋补刊十行本〈史记集解〉跋》等。 11 月,赴台。
1949 年	1 月,任台大校长,主持台大校务及历史语言研究所。
1950 年	12 月 20 日,参加省议会。在回答有关议员的问题时,因为情绪激动,昏了过去,经抢救无效,当夜去世,被安葬于台大校园内。

参考书目

一、傅斯年本人及傅斯年研究论著

1.《傅斯年全集》(1～7卷),台湾联经出版公司1980年版。

2. 岳玉玺、李泉、马亮宽选编:《傅斯年选集》,天津人民出版社1996年版。

3. 刘梦溪主编:《中国现代学术经典·傅斯年卷》,河北教育出版社1996年版。

4. 吴文浩选编:《出入史门》,浙江人民出版社1998年版。

5. 傅斯年:《史料论略及其他》,辽宁教育出版社1997年版。

6. 傅斯年:《人生问题发端——傅斯年学术散论》,学林出版社1997年版。

7. 欧阳哲生主编:《傅斯年全集》(1～7卷),湖南教育出版社2003年版。

8. 傅乐成:《傅孟真先生年谱》,台湾传记文学出版社1979年版。

9. 王为松主编:《傅斯年印象》,学林出版社1997年版。

10. 朱传誉主编:《傅孟真传记资料》(共3册),台湾天一出版社 1979～1981 年版。

11. 聊城师范学院历史系、聊城地区政协工委、山东省政协文史委合编:《傅斯年》,山东人民出版社 1991 年版。

12. 岳玉玺、李泉、马亮宽:《傅斯年——大气磅礴的一代学人》,天津人民出版社 1994 年版。

13. 马亮宽:《傅斯年教育思想研究》,辽宁教育出版社 1997 年版。

14. 李泉:《傅斯年学术思想评传》,北京图书馆出版社 2000 年版。

15. 焦润明:《傅斯年传》,人民出版社 2002 年版。

16. 马亮宽:《傅斯年社会活动与政治思想研究》,中国社会科学出版社 2009 年版。

17. 马亮宽、程方:《傅斯年图传》,湖北人民出版社 2009 年版。

二、中国近现代有关的人物论著、文集、传记

1.《胡适往来书信选》(上、中、下),中华书局 1983 年版。

2. 姜义华主编:《胡适文集》,中华书局 1991 年版。

3. 汤志钧主编:《章太炎年谱长编》,中华书局 1979 年版。

4. 梁启超:《梁启超史学论著四种》,岳麓书社 1998 年版。

5.《李济传记资料》,台湾天一出版社 1980 年版。

6. 章清:《胡适评传》,百花洲文艺出版社 1992 年版。

7. 顾潮、顾洪:《顾颉刚评传》,百花洲出版社 1995 年版。

8. 王鉴平、杨国荣:《胡适与中西文化》,四川人民出版社 1990 年版。

9. 雷启立主编:《丁文江印象》,学林出版社 1998 年版。

10. 郑大华:《胡适与梁漱溟——文化保守主义与西化思潮

的比较》,中华书局1994年版。

11. 张杰、杨燕丽选编:《解析陈寅恪》,社会科学文献出版社1999年版。

12. 郭湛波:《近五十年中国思想史》,山东人民出版社1997年版。

13. 顾颉刚:《古史辨》第1册,上海古籍出版社1982年版。

14. 张岱年:《中国哲学大纲》,中国社会科学出版社1982年版。

15. 梁启超:《中国近三百年学术史》,东方出版社1996年版。

16. 高亨:《诗经今注》,上海古籍出版社1980年版。

17.《独秀文存》,安徽人民出版社1987年版。

18. 关鸿、魏平主编:《现代世界中的中国——蒋梦麟社会文谈》,学林出版社1997年版。

19. 蒋梦麟:《西潮》,辽宁教育出版社1997年版。

三、相关的中国近现代史研究论著

1. 史全生主编:《中华民国文化史》(上、中、下),吉林文史出版社1990年版。

2. 冯天瑜、何晓明、周积明:《中华文化史》,上海人民出版社1990年版。

3. 焦润明:《中国近代文化史》,辽宁大学出版社1999年版。

4. 冯契:《中国近代哲学的革命进程》,上海人民出版社1989年版。

5. 段治文:《中国近代科技文化史论》,浙江大学出版社2000年版。

6. 陈少朋、单世联、张永义:《被解释的传统——近世思想史论》,中山大学出版社 1995 年版。

7. 李泽厚:《中国近代思想史论》,天津社会科学出版社 2003 年版。

8. 李泽厚:《中国现代思想史论》,天津社会科学出版社 2003 年版。

9. 陶东风:《社会转型与当代知识分子》,三联书店 1999 年版。

10. 曹锡仁、李泽普、张胜利:《社会现代化与观念的演进》,贵州人民出版社 1988 年版。

11. 胡逢祥:《社会变革与文化传统——中国近代文化保守主义思潮研究》,上海人民出版社 2000 年版。

12. 张宝明:《启蒙与革命——"五四"激进派的两难》,学林出版社 1998 年版。

13. 高瑞泉主编:《中国近代社会思潮》,华东师范大学出版社 1999 年版。

14. 许纪霖主编:《中国现代化史》,三联书店 1995 年版。

15. 许纪霖:《无穷的困惑——黄炎培、张君劢与现代中国》,三联书店 1998 年版。

16. 祝勇编:《知识分子应该干什么》,时事出版社 1999 年版。

17. 王元化、李慎之、杜维明:《崩离与整合——当代智者对话》,东方出版社 1999 年版。

18. 湖北大学中国思想文化史研究所主编:《中国文化的现代转型》,湖北教育出版社 1996 年版。

19. 孔范今:《二十世纪中国文学史》,山东文艺出版社 1997 年版。

20. 洪晓楠:《文化哲学思潮简论》,三联书店 2000 年版。

21. 中国社会科学院科研局、《中国社会科学》杂志社编:《“五四”运动与中国文化建设——“五四”运动七十周年学术讨论会论文选》,社会科学文献出版社1989年版。

22. 吴浩坤、潘悠:《中国甲骨学史》,上海人民出版社1985年版。

23. 卫聚贤:《中国考古学史》,商务印书馆1998年影印版。

24. 裴毅然:《二十世纪中国文学人性史论》,上海书店出版社2000年版。

25. 赵敏俐、杨树增:《二十世纪中国古典文学史研究史》,陕西人民教育出版社1997年版。

26. 张忠培:《中国考古学:走近历史真实之道》,科学出版社1999年版。

27. 夏鼐、王仲殊:《中国大百科全书·考古学》,中国大百科全书出版社1986年版。

28. 张书学:《中国现代史学思潮研究》,湖南教育出版社1998年版。

29. 蒋俊:《中国史学近代化进程》,齐鲁书社1995年版。

30. 雷颐:《时空游走》,山东教育出版社1999年版。

31. 胡厚宣:《殷墟发掘》,学习生活出版社1955年版。

32. 卢钟峰:《中国传统学术史》,河南人民出版社1998年版。

33. 马金科、洪京陵:《中国近代史学发展叙论》(1840～1949),中国人民大学出版社1994年版。

34. 张广智、张广勇:《现代西方史学》,复旦大学出版社1996年版。

35. 陈平原:《中国现代学术之建立:以章太炎胡适为中心》,北京大学出版社1998年版。

36. 罗检秋:《近代诸子学研究与文化思潮》,中国社会科学出版社 1998 年版。

37. 刘蔚华、赵宗正主编:《中国儒家学术思想史》,山东教育出版社 1996 年版。

38. 姜林祥:《中国儒学史》(近代卷),广东教育出版社 1998 年版。

39. 张岱年、程宜山:《中国文化与文化论争》,中国人民大学出版社 1990 年版。

四、国外相关论著

1.[美]费正清:《剑桥中华民国史》,中国社会科学出版社 1993 年版。

2.[美]林毓生:《中国传统的创造性转化》,三联书店 1996 年版。

3.[美]林毓生:《中国意识的危机——"五四"时期激烈的反传统主义》(增订再版本),贵州人民出版社 1986 年版。

4.[美]周策纵:《五四运动:现代中国的思想革命》,江苏人民出版社 2005 年版。

5.[美]郭颖颐:《中国现代思想中的唯科学主义》,江苏人民出版社 1998 年版。

6.[美]威廉·詹姆士:《实用主义》,商务印书馆 1983 年版。

7.[英]格林·丹尼尔:《考古学一百五十年》,文物出版社 1987 年版。

后 记

在中国近代思想文化史上，山东著名学者傅斯年是一个绕不开的人物，但就目前研究现状来看，学术界对他的研究大都局限于史学领域，而对其在哲学、文学、考古学等方面的学术贡献则论及不多。有鉴于此，本著作以中国传统文化为切入点，在系统梳理傅斯年文化观形成的历史因缘、形成历程和观念构成的基础上，系统考察其在哲学、史学、文学、考古学等中国传统文化领域的主要贡献，并在此基础上，尽可能客观、准确地总结其对中国传统文化认识的特点、局限性及他在中国近代文化史上的地位、影响，希望能够加强对中国传统文化在近代社会发展趋势的认识，以为今天继承和弘扬中华优秀传统文化提供更好的借鉴，同时也希望能引起学界对山东地方史研究的重视，积极开发山东地方人文资源，以为目前山东经济文化强省目标的建设提供更多文化资源。

本书在写作过程中，曾得到导师田海林先生的悉心指导和不倦教诲；李宏生教授、郭大松教授、孙占元教授（现任中共山东省委党校副校长）和王林教授也提供了极大的帮助；聊城大学的马亮宽教授、李泉教授及王云教授均给予了极大的关心与帮助；

山东大学出版社的编辑对本书做了大量的修改、完善和校对工作。在此，一并表达诚挚的谢意。

鉴于本人水平所限，书中错误、疏漏之处在所难免，恳请各位前辈、同仁不吝指正！

王凤青

2014年7月于中共山东省委党校